Genies im Alltag

Jörg Schötensack

Genies im Alltag

44 Lebensbilder und 33 Zugaben

Bechtermünz Verlag

Herausgeber: Albert Sellner, Frankfurt am Main
Illustration: Sebastian Rogler, Berlin
Layout: Avak Publikationsdesign, München
Umschlaggestaltung: Jörg Wallenstein, Augsburg
Umschlagmotiv: Sebastian Rogler, Berlin
Gesamtherstellung: Franz Spiegel Buch GmbH, Ulm
Printed in Germany
ISBN 3-8289-0308-8

Für meine Eltern

Inhalt

Vorwort

»Wenn ich meine Neurosen erfolgreich behandeln lassen würde, wäre ich als Maler erledigt«, soll der Zeichner des Grauens, Alfred Kubin, einem Freund geantwortet haben, der ihm die Vorzüge der freudschen Psychoanalyse pries.

Bei den Großen der Kulturgeschichte sind Verhaltensweisen, die von der Umwelt der »Normalen« als gestört empfunden werden, eher die Regel als die Ausnahme. Viele spätere Geistesgrößen hatten von Kindheit an mit schweren psychischen Leiden zu kämpfen (etwa van Gogh oder Wittgenstein), andere bauten sich eine eigene künstlerische Welt, die sie in entschiedenen Gegensatz zu der Alltagsnormalität brachte (Schubert oder Kafka). Manche lebten ihr Anderssein durch eine gesteigerte Aggressivität aus (wie Napoleon oder der Marquis de Sade), andere pflegten und hegten befremdliche, obgleich harmlose Ticks oder Marotten (Picasso oder Darwin). Viele Genies bewältigten in ihrer Kreativität auch körperliche Defekte – die Zahl der Schwerkranken, der Kleinwüchsigen, der Verwachsenen ist bemerkenswert hoch. Nietzsche, Rosa Luxemburg und Kant sind da nur einige Beispiele.

Psychologische Erklärungen, die einen starken kompensatorischen Antrieb bei solchen Charakteren vermuten, liegen auf der Hand. Der Genieforscher Wilhelm Lange-Eichbaum stellte in den zwanziger Jahren die gewagte These auf, als Katalysator für die geniale »Zündung« wirke häufig eine ausgeprägte Sucht. Daran stimmt mit Sicherheit, daß Alkohol, Drogen, Koffein und Nikotin oder Erotomanie und Spielsucht zahllose große Geister einerseits beflügelte (wie Goethe, Benn oder Schopenhauer) andererseits aber auch gesundheitlich zerrüttet haben (Mozart oder Poe). Gegen einen Automatismus sprechen die Tatsachen: Es gibt genügend »nüchterne« Charaktere, die geschichtlich herausragende Leistungen vollbracht haben (wie Einstein oder Schweitzer).

Am ehesten nachweisbar scheint der Zusammenhang von schöpferischem Wurf und Sucht beim »Workaholismus«, der Arbeitsbesessenheit. Manche, wie Madame Curie, opferten sich in geradezu »heiligmäßiger« Weise für ihre Sache auf. Die meisten der in diesem Buch versammelten Genies – und darin sind sie durchaus typisch – hatten zumindest Phasen von überschießender Arbeitswut, in der sie nichts auf der Welt beschäftigte, außer ihrem künstlerischen, politischen oder wissenschaftlichen Ziel. Begabung und unermüdlicher Fleiß sind daher wohl die eindeutigsten Eigenschaften genialer Menschen – und die Überzeugung von der eigenen Sendung, die gegen alle Widerstände behauptet wird.

Die Auswahl in diesem Buch erfolgte nicht im Interesse einer Werteskala. Die Aufnahme Wagners etwa bedeutet keine Minderschätzung Verdis, und Joyce oder Kafka sind nicht »größer« als Musil oder Thomas Mann.

Auch der herkömmliche Geniebegriff findet sich gewissermaßen erweitert auf jene Persönlichkeiten, die vorwiegend mit ihrem ungewöhnlichen Charisma auf einzigartige Weise den Nerv der Zeit trafen.

Dieses Buch will vor allem eines: ein informatives und vergnügliches Panoptikum der Spielarten genialer Kreativität bieten. Und ein wenig Stoff für das Nachdenken darüber zur Verfügung stellen, wie sich genialische Leistungen unausweichlich aus privaten Lebensgeschichten speisen.

Die Lektüre könnte auch die Einsicht befördern: Genies sind auch nur Menschen, gewiß – aber nicht unbedingt Menschen wie Du und Ich.

Neben dem Verlag möchte ich Albert Sellner danken, der die Idee zu diesem Buch lieferte und das Lektorat übernahm; Sebastian Rogler, der das Buch mit seinen Illustrationen bereicherte; und Imke Rötger, die weiß, warum.

J.S.

Ludwig van Beethoven

1770 – 1827

Komponieren mit Nachttopf

»Auf den gebt acht, der wird einmal in der Welt noch von sich reden machen!« schwärmte der hellsichtige Mozart über einen siebzehnjährigen Jüngling, der gerade bei einer Audienz für den Meister ein Stück improvisiert hatte. Er sollte recht behalten: Ludwig van Beethoven, der die musikalischen Konventionen seiner Zeit respektlos ignorierte, gilt als einer der bedeutendsten Komponisten schlechthin.

Carl Maria von Weber bezeichnete ihn einmal als reif fürs Irrenhaus, und es spricht einiges dafür, daß Beethoven tatsächlich ein schwerer Psychopath war. Plötzliche Wutausbrüche waren keine Seltenheit, er schien regelrecht danach zu trachten, sich mit seinen Mitmenschen anzulegen. Mit seinem langjährigen Gönner, dem Fürsten Lichnowsky, zerstritt er sich, weil er nicht dazu zu bewegen war, vor französischen Offizieren zu spielen. Er hatte Napoleon einst glühend verehrt und ihm die »Eroica« (Symphonie Nr. 3, 1804) gewidmet. Als sein Held sich allerdings zum Kaiser krönte, machte Beethoven die Widmung wutentbrannt rückgängig. Der Streit mit Lichnowsky gipfelte in fürstlichen Drohungen mit

Hausarrest, worauf Beethoven noch am selben Abend flugs und in aller Stille das Weite suchte.

Einen erbitterten Streit begann er mit der Witwe seines Bruders: Er ließ ihr gerichtlich das Elternrecht über ihren Sohn Karl entziehen. Dieser machte sich jedoch auch unter dem Regiment seines Vormunds nicht gut. Karl unternahm sogar einen Selbstmordversuch, was Beethoven tief traf.

Wie viele der großen Genies war der Komponist ein Exzentriker, der mit der Bewältigung seines Alltags nur schwerlich zurechtkam. Er konnte nicht haushalten und war meist in Geldsorgen – seine Miete wurde oft von Freunden gezahlt, die er nichtsdestoweniger häufig vor den Kopf stieß. Er kleidete sich nachlässig, zuweilen sogar schäbig. Ein Charakteristikum seiner Erscheinung war seine wegen eines Notizbuchs stets ausgebeulte Manteltasche. Notizbücher mußte er Tag und Nacht in Reichweite haben, um darin kompositorische Inspirationen festzuhalten. Auch halfen sie ihm, sich mit zunehmender Schwerhörigkeit überhaupt mitteilen zu können. Hunderte davon sind erhalten. Einmal benutzte Beethoven mangels Papier die Fensterläden eines Domizils in Baden als Gedächtnisstütze. Gewiefte Geschäftemacher montierten sie später ab und verkauften sie als Souvenirs an ergebene Fans – und Beethoven mußte für neue Fensterläden aufkommen.

Von Gestalt war er eher unattraktiv: nicht sonderlich groß, dicklich, das Gesicht von Blatternarben gezeichnet, auffallend ungelenk in den Bewegungen. Und obendrein war der Meister zerstreut. Aus Baden, wo er gerne verkehrte, wird berichtet, es sei ihm einmal der Hut vom Kopf geweht worden, er versuchte ihn wieder zu erhaschen, verlor diese Absicht aber völlig aus dem Kopf und irrte statt dessen einige Stunden ziellos durch die Stadt. Schließlich wurde er von einem Polizisten aufgegriffen und arretiert. Ein andermal wurde er nahe dem Gut seines Bruders gesehen, wie er vor sich hin brummte, sein Notizbuch vollkritzelte, wild gestikulierend durch die Felder lief und dabei ein Ochsengespann aufscheuchte.

Beim Komponieren pflegte Beethoven verschiedene liebgewonnene Gewohnheiten. Er trank beträchtliche Mengen Kaffee – der Nachttopf unter dem Klavier erlaubte ihm, die dadurch notwendige Austrittszeit möglichst gering zu halten. Und da er ausgesprochen gern Fisch aß und oft die Teller mit den Essensresten auf der Fensterbank vergaß, wird das Betreten des Kompositionszimmers für Besucher nicht das reine Vergnügen gewesen sein. Auch dem Wein sprach er über die Maßen zu – einer seiner letzten Genüsse auf dem Krankenbett war eine Flasche Rüdesheimer, nachdem die Ärzte jede Hoffnung auf eine Genesung hatten fahren lassen.

Zahllos ist die Reihe seiner Krankheiten: frühe Arteriosklerose, chronische Darmentzündung, eine tödliche Leberzirrhose und nicht zuletzt die wahrscheinlich durch Syphilis ausgelöste, rapide fortschreitende Taubheit, die etwa ab dem dreißigsten Lebensjahr einsetzte. Was letzteres für den Komponisten psychisch bedeutet haben mag, ist kaum zu ermessen. Sein gewaltiger schöpferischer Elan überwand jedoch diese körperlichen Mängel, und so komponierte Beethoven auch noch Meisterwerke, als er mit vierzig völlig taub war und ihn die »Dämonen in seinen Ohren« oft zur Verzweiflung trieben.

An seinem Grab auf einem kleinen Wiener Friedhof hielt Grillparzer die Totenrede. Später wurde Beethoven zusammen mit Franz Schubert auf den Zentralfriedhof überführt. Er lebe nur in seinen Noten, sagte er einmal. Und insofern ist Beethoven noch sehr lebendig, denn seine Popularität ist ungebrochen.

Gottfried Benn

1886 – 1956

Eigenbrötlerisch zwischen allen Stühlen

»Meine ganze Natur ist ja weiter immer das gänzliche Alleinsein«, schreibt Gottfried Benn, einer der bedeutendsten Lyriker des 20. Jahrhunderts, im Jahre 1949. In seinem Brotberuf, Arzt für Haut- und Geschlechtskrankheiten, mied er nach Möglichkeit gesellschaftliche Verpflichtungen und fühlte sich am wohlsten, wenn er allein und ungestört zu Hause seinen Passionen nachgehen konnte. Er leide, wie er selbst einmal bekannte, an einer »Müdigkeit von hohen Graden«, einer »gehirnlichen Schwere«, die sich als »Widerstand gegen Eindrücke« manifestiere. Tatsächlich litt der kontaktschwache Doktor Benn an schweren psychischen Störungen – tiefe Melancholie und Phasen starken Selbsthasses wechselten sich ab mit Größenphantasien und triumphalistischen Hochstimmungen.

Unangekündigten Besuch fertigte Benn zuweilen forsch direkt an der Tür ab, wenn es sich nicht um seine Patienten oder später um die seiner dritten Frau Ilse handelte, die Zahnärztin war. »Fürchterlich, so ein Geschäft, bei dem man jeden, der klingelt, in die Wohnung lassen muß.« Sein Tagesablauf war äußerst penibel festgelegt und ließ nur widerwillig Unvorhergesehenes zu.

Kinder waren ihm daher ein Greuel. Als seine erste Frau Edith ihm eine Tochter bescherte, ertrug er die Tatsache schicksalsergeben, entwickelte jedoch kein spürbares Interesse für den Sprößling – es dauerte ein Jahr, bis er die Kleine überhaupt in Augenschein nahm. Als die junge Familie schließlich in Berlin vereint war, verbrachte Benn die meiste Zeit in der Wohnung, die zu seiner Praxis gehörte. Frau und Kinder (es gab noch einen Sohn aus der ersten Ehe seiner Frau) wohnten woanders. Benn übernachtete öfter in dieser Wohnung als bei seiner Frau, was auch seinem außerehelichen Lebenswandel zugute kam, denn Benn war notorisch untreu (auch mit Else Lasker-Schüler hatte er übrigens eine Affäre – allerdings noch vor seiner Heirat mit Edith).

Der begnadete Dichter, der an seinem vierzigsten Geburtstag ausrechnete, in den vorausgegangenen fünfzehn Jahren monatlich vier Mark fünfzig mit seiner literarischen Arbeit verdient zu haben, war ein großer Bierfreund und heftiger Raucher. Dann doch wieder ganz Mediziner hütete er sich davor, den Rauch seiner geliebten *Juno* zu inhalieren. Koffein und Kokain, zu dem er als Arzt Zugang hatte, gehörten ebenfalls zu seinen Genußmitteln. Gern saß er in seiner Stammkneipe bei frisch Gezapftem und Zigaretten – zwischendurch gab's den einen oder anderen Klaren –, kritzelte nebenher ein paar Verse, redigierte Texte oder beobachtete die übrigen Gäste.

Große Dichter sind nicht selten politische Dummköpfe: 1933 imponierte ihm das revolutionäre antibürgerliche Gehabe der Nazis, und Benn ließ sich zu Sympathiekundgebungen im Rundfunk verleiten. Nach dem Röhmputsch, als Hitler zahllose »alte Kameraden« umbringen ließ, ergriff Benn zunehmender Ekel vor den braunen Herrschern. Die gefeierten Olympischen Spiele 1936 in Berlin kommentierte er in Tagebüchern und in vertraulichen Briefen an Freunde als Sieg einer gigantischen Lügen- und Verblödungspropaganda. Seine Haltung blieb nicht geheim. Das SS-Organ »Der Angriff« attackierte ihn als entarteten, morbiden, undeutschen Literaten und verdächtigte ihn als Homosexuellen. Freunde in der Wehrmacht hielten jedoch die Hand über ihn, und um sich in Sicherheit zu bringen, trat Benn als Arzt wieder in den Militärdienst. Aber auch dort wehte bald ein anderer Wind.

Der Dichter saß für den Rest seines Lebens zwischen allen Stühlen. Er verlor seine zweite Frau Hertha, die in den Wirren des Kriegsendes umkam, und seine Entgleisungen von 1933 büßte er mit einem mehrjährigen Veröffentlichungsverbot. Benn starb einsam und verbittert, und es dauerte Jahre, bis ihn junge Literaten als einen der ganz Großen der Lyrik des 20. Jahrhunderts wiederentdeckten.

Otto von Bismarck

1815 – 1898

Geiziger Vielfraß

»Die Faulheit ist die Mutter aller Laster. Hätte Eva die Feigenblätter ihres Mannes flicken müssen, so hätte sie nicht so lang auf die Schlange gehört.« Deutlicher hätte Otto von Bismarck seine Haltung kaum äußern können: Der Mann war arbeitswütig...

Als Student der Rechtswissenschaft in Göttingen und als Referendar in Berlin und Aachen hatte der spätere Begründer des deutschen Nationalstaates allerdings eine laxere Einstellung – von Studieneifer und Fleiß keine Spur! Der exzentrische Otto ließ es erst mal krachen, tat nur das Allernötigste, heckte Studentenstreiche aus, machte Schulden und nahm sich Urlaub, wann es ihm paßte – einmal sogar über mehrere Monate, um einer jungen Engländerin nachzureisen. Da er keine Lust hatte, Beamter zu werden, zog er sich auf sein ererbtes Landgut zurück, und bald war der Junker berüchtigt als der »tolle Bismarck«. Da er keinem Streit aus dem Wege ging, war er in verschiedene Duellaffären mit Gegnern politischer

Ansichten verwickelt. Schon als Jugendlicher hatte der Heißsporn seinem Reitlehrer mit der Peitsche ein Auge ausgeschlagen. Einem Jugendfreund schrieb er einmal: »Ich werde entweder der größte Lump oder der größte Mann Preußens.« Die Tendenz ging dann doch in Richtung des letzteren.

Bismarck war ein hemmungsloser Raucher und Kaffeetrinker und ein noch leidenschaftlicherer Esser. Am Anfang seiner Zeit als Gesandter in Petersburg (1859 bis 1862) ließ er einmal verlauten, das einzige, was ihn verbittere, sei, »daß man auf der Straße nicht rauchen darf«. Aber Einschränkungen seiner Eßgier kamen ihm noch härter an. So klagte er während einer »Diät«: »Ich darf nichts essen als morgens ein Beefsteak und nachmittags ein Hammelkotelett.«

Jedenfalls wog er mit Mitte Sechzig statthafte zweihundertfünfundvierzig Pfund. Nachdem sein ebenfalls übergewichtiger Sohn erfolgreich von einem jungen Arzt behandelt worden war, hatte sich der mürrische Kanzler endlich dazu herabgelassen, es mit einer Schlankheitskur zu versuchen. Innerhalb eines Jahres verlor er knapp fünfzig Pfund. Lange hielt er das Gewicht freilich nicht, denn bald siegte wieder die ungebremste Leidenschaft.

Im Laufe seiner Amtszeit erkrankte Bismarck wiederholt ernsthaft, wofür seine Lebensführung sicher ihren Teil beitrug (ein typisches Frühstück bestand aus Pasteten, Fleisch, Eierspeisen, Kaviar und Räucherfisch). Bismarck litt an Koliken, Neuralgien, Schlaflosigkeit und Weinkrämpfen. Als Folge seiner enormen Arbeitsbelastung war er zudem oft gereizt und unbeherrscht. Nur seine Familie blieb von Wutanfällen und Grobianismus ausgenommen. Da war der Eiserne Kanzler fürsorglicher Vater und liebender Gatte. Als seine stets kränkelnde Frau, Johanna von Puttkamer, nach achtundvierzig Jahren Ehe starb, traf es ihn tief: »Und heut alles öde und leer...«

Inzwischen war Bismarck schon vom ehrgeizigen Thronfolger Wilhelm II. entlassen worden und lebte grollend auf Schloß Friedrichsruh, was er nach Jahrzehnten der Machtausübung demütigend fand. Sein Tatendrang warf sich auf ausgiebigen Genuß des Landlebens, er empfing in einem fort Besucher, vorzugsweise Kritiker des jungen Kaisers, und machte sich daran, seine Memoiren zu schreiben. *Erinnerung und Gedanke* erschien beim renommierten Verlag Cotta (der schon Goethe verlegt hatte) und wurde ein Bestseller. Auch das Honorar war nicht zu verachten: Der Kanzler im Ruhestand erhielt die Rekordsumme von 100.000 Mark (das wäre heute nach dem Realwert ein Millionenbetrag) für einen Band.

Aus dem ehemaligen Bummelstudenten war ein alter Geizhals geworden. Unermüdlich sammelte er Zuwendungen vom Kaiser, war von der Steuer befreit und nahm jedes gute Geschäft mit, ob Börsenspekulation oder handfeste Dinge wie Schnaps, Holz, Papier oder Getreide. Er war ein Pfennigfuchser bis in die kleinsten Beträge hinein und ließ es sogar zu, daß zu seinem siebzigsten Geburtstag Geld zum Bau eines Schlosses für ihn gesammelt wurde. Offenbar hatten ihn die Leute falsch verstanden, als er wiederholt äußerte, er sei ein »armer Mann«. Sein Vermögen konnte er nicht gemeint haben – Bismarck starb als vielfacher Millionär.

Humphrey Bogart

1899 – 1957

Nicht ohne Toupet aus dem Haus

Der Werdegang des Helden der schwarzen Krimis verlief lange Zeit nicht ganz so, wie man das für einen Sohn aus dem gehobenen Mittelstand im allgemeinen vorsah. Dabei ließ es sich recht gut an, denn eine Zeichnung von Baby Humphrey, die seine Mutter angefertigt hatte, zierte um die Jahrhundertwende die Werbeflächen einer prominenten Firma für Säuglingsnahrung – »The Original Maude Humphrey Baby« war damals praktisch jedem Amerikaner ein Begriff. Bogey war es später eher unangenehm, daran erinnert zu werden: Der Inbegriff des »tough guy«, des eiskalten Burschen, schämte sich seiner Anfänge als Knuddelbaby. Danach ging es zunächst bergab: die Schule schaffte er nicht, bei der Marine hielt es ihn nicht lange, eine zaghafte Hinwendung zur Schriftstellerei schlug fehl, und der Weg vom Broadway nach Hollywood war ausgesprochen steinig. Bogeys ersten elf Filme flimmerten ohne größere Resonanz über die Leinwand – *Casablanca* (1942) war noch fern.

Seine erste Frau ließ sich nach einem Jahr wegen »seelischer Grausamkeit« von ihm scheiden – beispielsweise, so Bogart, stritt man sich darüber, ob der Hund angesichts des Hungers in der Welt Kaviar zu essen bekommen sollte. Die zweite Ehe dauerte immerhin zehn Jahre, doch die dritte scheiterte im verflixten siebten – das Paar war in Hollywood bekannt als die »battling Bogarts«. Dann heiratete der Schauspieler seine Filmpartnerin Lauren Bacall und – alles war gut.

Bogart war von kleiner Statur. Oft mußte er während der Dreharbeiten Schuhe mit extra hohen Absätzen tragen, oder die sogenannten »elevator shoes« – Gehwerkzeug mit angeschnallten Holzblöcken. Außerdem lispelte er und hatte eine unübersehbare Oberlippennarbe. Das waren Merkmale, die einen Schauspieler in Hollywood normalerweise nicht gerade auf der Überholspur fahren ließen – dennoch entwickelte sich Bogart zu einer *der* Ikonen des amerikanischen Films. In späteren Jahren mußte er sogar ein Toupet tragen, denn infolge einer Hormonbehandlung litt er unter starkem Haarausfall. Der »Teppich«, wie er seinen Haarersatz nannte, war ihm verhaßt. Nicht selten mußte er an das Toupet erinnert werden, wenn er sich in die Öffentlichkeit begab, um Bogart zu mimen.

Den Charakteren, die er auf der Leinwand spielte, nicht unähnlich, kannte man Bogart mit einer Zigarette in der einen Hand und einem Drink in der anderen. Schon mittags brachte er sich auf einen Alkoholpegel (sein »Alkoholspiegel-Thermostat«), den er für den Rest des Tages nicht mehr unterschritt (seine Schwester starb übrigens an übermäßigem Alkoholkonsum). Der Presse gegenüber, die er nicht zuletzt aus Imagegründen gerne provozierte, gab er einmal »nüchtern« zum Ausdruck, die Welt sei schlicht »drei Drinks zurück«.

»Das Problem mit Bogart besteht darin, daß er bis 23 Uhr 30 ein netter Kerl ist. Danach glaubt er, er sei Bogart«, so der subtil-ironische Kommentar des damaligen Restaurantbesitzers Chasen, bei dem Bogart regelmäßig zu Gast war. Bogart starb an Krebs. Bis zuletzt rauchte er und trank seine geliebten Martinis – getreu seinem Image bis in den Tod...

Bertolt Brecht

1898 – 1956

Mit Gehilfinnen ans Ziel

Brecht sitzt mit seiner zweiten Frau, der Schauspielerin Helene Weigel, und dem Literaturhistoriker und Philosophen Georg Lukács in einem Lokal. Während die beiden heftig diskutieren, erhebt sich Brecht, der an der gesteigerten Unterhaltung kein Interesse zu haben scheint, und geht. Helene Weigel läuft ihm hinterher und versucht ihm klarzumachen, warum sie ihn unmöglich begleiten könne. Brecht unterbricht sie daraufhin lapidar mit der Bemerkung: »Sag einfach, du seist mir sexuell hörig.«
Der Macho Brecht pflegte selbst zutiefst gekränkt zu sein, wenn eine Diskussion, an der er sich beteiligte, vorzeitig beendet wurde. Der früh gefeierte Stückeschreiber und Dichter übte auf beiderlei Geschlecht eine starke Anziehungskraft aus und wußte dies auch für sich zu nutzen. Beim Abfassen seiner Werke standen ihm immer eine Reihe von dienst-

beflissenen Gehilfinnen beziehungsweise Geliebten zur Seite, die eifrig um die Gunst des Meisters buhlten. Gelegentlich wurden sie jedoch in ihre Schranken verwiesen, wenn der »Chef« sie nicht mehr brauchte und anderen den Vorzug gab.

In jüngerer Zeit ist eine lebhaft geführte Kontroverse darüber entflammt, wie maßgeblich Brecht selbst am Text des Welterfolgs *Dreigroschenoper* (1928) sowie anderer berühmter Stücke wirklich beteiligt war. Ob diese nicht vielmehr von Elisabeth Hauptmann verfaßt wurden, der eifrigsten und begabtesten unter den Frauen, die für ihn arbeiteten. Tatsächlich stammt wohl der überwiegende Teil des bekannteren Werks aus ihrer fleißigen Feder. Arnolt Bronnen schrieb in diesem Zusammenhang über Brecht: »Sein Hirn schien mir ein tintenfischähnliches Saugorgan, sich ständig mit Polypen-Armen Material zuwachelnd.«

Verwöhnt vom Erfolg und verehrt von einem begeisterten Publikum, hielt Brecht es für sein gutes Recht, sich zu nehmen, was er brauchte, und ging daher mehr als locker mit dem geistigen Eigentum anderer um. Er machte daraus allerdings auch kein Geheimnis und gestand öffentlich eine »gewisse Laxheit« in diesen Dingen ein. Für ihn war der »Schöpfungsakt ein kollektiver Schöpfungsprozeß geworden, ein Kontinuum dialektischer Art, so daß die isolierte ursprüngliche Erfindung an Bedeutung verloren hat«. Seine Helferinnen scheinen damit einverstanden gewesen zu sein. Es war für sie Gegenwert genug, in des Meisters Nähe geduldet zu sein. Ihre Erben beurteilen dies heute allerdings anders. Sie möchten - juristisch nicht ohne Argument - Bares sehen.

Bertolt war schon in der Schule aufmüpfig und respektlos. Die ersten Gedichte und Kurzgeschichten veröffentlichte er mit sechzehn in den »Augsburger Neuesten Nachrichten«. Mit vierundzwanzig erhielt er den Kleist-Preis für *Trommeln in der Nacht*, und von da an wurde er von der Theaterkritik als die neue große Bühnenhoffnung gehandelt. Persönlich eher zurückhaltend, kultivierte er früh den Bohemien, kleidete sich betont nachlässig - oft in Lederkluft -, schmauchte unter seiner Schiebermütze an einer dicken Zigarre und versammelte trotz einer heftigen Abneigung gegen Körperpflege scharenweise Bewunderer und Jüngerinnen um sich.

1933 war es an der Zeit, das sich verdunkelnde Deutschland zu verlassen – ein paar Monate später landeten Brechts Bücher auf den Scheiterhaufen der Nazistudenten. Längere Stationen des Exils bildeten Dänemark und später Santa Monica, wo es Brecht sieben Jahre aushielt. Da er dort einer unter vielen Emigranten war und nicht selbstverständlicher Mittelpunkt wie in Berlin, empfand er den Aufenthalt nur bedingt als angenehm. Er befreundete sich unter anderen mit Charlie Chaplin und langweilte oder stritt sich mit den anderen deutschen Exilierten.

Nach Kriegsende wurde er wegen seiner kommunistischen Sympathien in ein Verfahren zur Untersuchung unamerikanischer Umtriebe verwickelt. Nun hielt es ihn endgültig nicht mehr im Land der unbegrenzten Möglichkeiten (mit dem Versuch, Filmszenarien an die Studios zu bringen, war er sowieso kläglich gescheitert). Brecht landete in der Schweiz – mit seinem gesamten Werk auf Mikrofilm gespeichert im Gepäck – und schließlich in Ostberlin, denn für Westdeutschland war ihm keine Einreiseerlaubnis erteilt worden. Für alle Fälle hatte er sich jedoch zuvor einen österreichischen Paß besorgt.

Mit dem gemeinsam mit Helene Weigel gegründeten Berliner Ensemble erlangte Brecht schließlich Weltruhm. Er hatte endlich, was er wollte: ein Theater, das im wesentlichen seine Stücke spielte, und zahllose hübsche und gefügige junge Frauen in seiner Nähe. Dies ließ ihn wohl auch über die vielen häßlichen Flecken im ersten deutschen »Arbeiter- und Bauernstaat« hinwegsehen. Walter Benjamin berichtet, daß in seinem Arbeitszimmer im dänischen Exil ein Esel gestanden habe, der einen Zettel um den Hals hängen hatte. Darauf stand: »Auch ich muß es verstehen.« Und so lieferte er denn den roten Machthabern brav Stalinhuldigungen und Aufbaulieder. Kritische Anmerkungen hingegen vertraute Brecht mit Blick auf die Nachwelt lieber seinem Tagebuch an.

Charlie Chaplin

1889 – 1977

Liebhaber junger Nymphchen

Die Popularität des Filmgenies Charlie Chaplin war in Amerika mit der Zeit auf ein Maß angewachsen, daß regelmäßig Imitationswettbewerbe stattfanden. Aus Spaß beteiligte sich Chaplin einmal selbst - und erreichte nur einen kläglichen dritten Platz...

Von den Armenhäusern der Londoner Slums, wo Charles Spencer Chaplin geboren wurde, bis zu einem 50-Zimmer-Anwesen in Beverly Hills, wo er auf der Höhe seines Ruhmes residierte (inklusive japanischem Butler), ist es nicht gerade ein Katzensprung. Neben seinem komödiantischen und parodistischen Talent und unersättlichem Ehrgeiz brachten den »Tramp« auch eine gehörige Portion Gerissenheit und Durchsetzungsvermögen ans Ziel. Schon mit Ende Zwanzig gelang ihm - zu allen Gaben übrigens auch ein glänzender Musiker und Komponist - als erstem Schauspieler ein Vertragsabschluß über mehr als eine Million Dollar.

Im Jahre 1929 erhielt Chaplin seinen ersten

Oscar. Er benutzte ihn als Türstopper, weil er von der Auszeichnung zumindest anfangs nicht viel hielt. Frauen erregten da schon eher die Aufmerksamkeit des legendären Liebhabers. Es war kein Geheimnis, daß der melancholische Clown »junges Blut« bevorzugte und mit Rollenvergaben in seinen Filmen lockte. Zum Zeitpunkt der Oscar-Verleihung hatte Chaplin bereits zwei Ehen mit Frauen hinter sich, die gerade mal sechzehn waren, als er sie heiratete.

Mildred Harris, die erste Auserwählte, hatte vorgegeben, ein Kind von ihm zu erwarten, gab jedoch nach der Hochzeit zu, gelogen zu haben. Später wurde sie dann doch schwanger und brachte ein Kind zur Welt, das allerdings kurz darauf starb. Die Ehe wurde mit einer hohen Abfindung annulliert.

Lita Grey, Chaplins zweite Frau, war tatsächlich von ihm schwanger, und diesmal war es ihre auf Anstand bedachte Mutter, die auf einer Heirat bestand. Zwar schenkte Lita dem Komiker zwei Kinder, aber sie hielt es nicht mit ihm aus. So lancierte sie Gerüchte, Chaplin sei ein Mädchenschänder und habe sie fünfmal mit Minderjährigen betrogen. Der schlagzeilenträchtige Scheidungsprozeß setzte Chaplin nicht nur finanziell arg zu.

In den vierziger Jahren folgte eine Vaterschaftsklage einer weiteren Jungschauspielerin. Zwar stellte sich durch Bluttests heraus, daß Chaplin nicht der Vater war, unglücklicherweise wurden diese in Kalifornien jedoch gerichtlich nicht anerkannt. Der Anwalt der Frau schaffte es, die Geschworenen gegen den »Sexprotz« einzunehmen, und er mußte zahlen. Zwischenzeitlich hatte Chaplin die achtzehnjährige Oona O'Neill, die Tochter des Dramatikers Eugene O'Neill, geheiratet, die ihm bis zu seinem Tod acht Kinder schenkte.

Gänzlich andersgearteten Ärger bekam Chaplin mit der amerikanischen Administration. Er hatte sich bei verschiedenen Gelegenheiten pro-kommunistisch geäußert, was bei der amerikanischen Bevölkerung im allgemeinen und beim »Ausschuß zur Untersuchung unamerikanischer Umtriebe« im besonderen nicht gut ankam. Während einer Europareise des Schauspielers verfügte der Justizminister kurzerhand, Chaplins Wiedereinreise von seiner mehrfach aufgeschobenen Aussage abhängig zu machen. Chaplin zog es vor, in Europa zu bleiben, wo er sich am Genfer See niederließ. Die USA betrat er erst wieder im Jahre 1972 angesichts seiner zweiten Oscar-Verleihung.

Schon bei seiner ersten Ankunft in Amerika im Jahre 1910 hatte der junge Charlie mit bemerkenswerter Selbstsicherheit ausgerufen: »Amerika, ich komme, dich zu erobern! Jeder Mann, jede Frau und jedes Kind werden meinen Namen auf ihren Lippen führen: Charles Spencer Chaplin!« 1972 konnte Chaplin feststellen, daß ihn sein Publikum trotz langer Abwesenheit nicht vergessen hatte.

Marie Curie

1867 – 1934

Verlangen nach Radium

Nicht sehr viele Forscher sind bereit, für die Wissenschaft ihr Leben zu riskieren. Eine der Ausnahmegestalten war Marie Curie, die für ihre Arbeit an der Uranstrahlung im Jahre 1903 als erste Frau den Nobelpreis für Physik und 1911 für ihre Radium-Experimente den Nobelpreis für Chemie erhielt. Madame Curie gehört zu jenen genialen Pionierinnen, die mit einer Überdosis an Willenskraft und Zähigkeit an ein Ziel gelangen, das ihnen in einem traditionellen Männerbereich sonst wahrscheinlich verwehrt gewesen wäre.

Die gebürtige Polin, deren Mädchenname Marie Salomee Sklodowska lautete, stand früh auf eigenen Beinen. Nach ihrem Schulabschluß unterrichtete sie als Gouvernante die Kinder betuchter Familien. Alle Prüfungen hatte sie als Beste bestanden, was sich noch oft während ihres Studiums wiederholen sollte. Sofern es die geringe freie Zeit zuließ, las sie, was sie in die Finger bekommen konnte, und entwickelte bald ein vornehmliches Interesse an Physik und Mathematik – die Fächer, in denen sie auch in Paris ihr Diplom machte. Schon in dieser Zeit war sie hartgesotten und kränkelte des öfteren wegen schlechter Ernährung – eine Diät aus Eiern und Schokolade – und Überarbeitung. Ihrem Bruder schrieb sie einmal: »Man muß daran glauben, für eine bestimmte Sache begabt zu sein, und diese Sache muß man erreichen, koste es, was es wolle.«

Das Schicksal meinte es gut mit ihr und ließ den gleichgesinnten Pierre Curie ihren Weg kreuzen, den sie nach anfänglichem Zögern, denn sie wollte ursprünglich zurück nach Polen, 1895 doch heiratete. Fortan teilte sich das Paar den Dauerstreß – unregelmäßige Essenszeiten, ständiges Schlafdefizit und ein übermäßiges Arbeitspensum unter Bedingungen, die man heute als haarsträubend bezeichnen muß. Trotz aller Widrigkeiten waren die Ergebnisse glänzend. Marie und Pierre entdeckten die Elemente Polonium und Radium, bekamen ihre erste Tochter und zusammen den Nobelpreis für Physik. Dem war Maries Promotion mit Auszeichnung vorangegangen – und eine Fehlgeburt, die wahrscheinlich schon auf eine zu hohe Strahlendosis zurückzuführen war.

Gelegentlich besuchten die beiden auch okkulte Sitzungen des damals bekannten (und erwiesenermaßen zwielichtigen) Mediums Eusapia Paladino – ihre Neugier auf alle Rätsel dieser Welt war völlig vorurteilslos. Die reale Welt brach für Marie jedoch zusammen, als der zerstreute Pierre im Jahre 1906 von einer Kutsche überfahren wurde, die ihm den Kopf zerquetschte. Pierre war tot, und Marie konnte nur noch über ihre Tagebuchnotizen Zwiesprache mit ihm halten und versuchen, den gemeinsamen Weg allein weiterzugehen – 1911 wurde ihr zum zweitenmal der Nobelpreis verliehen.

Während des Krieges machte sie sich als Initiatorin und Leiterin des Röntgendienstes des Roten Kreuzes unentbehrlich. Zwanzig mobile Röntgenstationen gehörten zur Ausstattung, so daß die zweifache Nobelpreisträgerin Autofahren lernte und sich in Anatomie weiterbildete, um direkt in den Kriegsgebieten helfen zu können. In ihrer grenzenlosen Selbstlosigkeit haben manche den Typ einer modernen Heiligen gesehen. Marie Curie meldete etwa keine Patente an, weil sie der Meinung war, daß ihre Erkenntnisse der Allgemeinheit gehörten. Und auf die Frage, was sie sich am meisten wünschen würde, hätte sie die Wahl, antwortete sie: ein Gramm Radium. Mit Hilfe einer amerikanischen Journalistin, die ihre Freundin werden sollte, bekam sie das Gramm auch tatsächlich in Amerika symbolisch von Präsident Harding überreicht. Allerdings legte sie auch hier Wert darauf, daß nicht sie persönlich das Radium erhielte, sondern ihr Institut.

Unzählige Schwächeanfälle, die Fehlgeburt, eine Nierenoperation, vier Augenoperationen, ein Ohrenleiden, durch Radium verbrannte Hände und schließlich eine durch Strahlung herbeigeführte Anämie waren das Resultat ihrer Unerbittlichkeit gegen sich selbst, ihrer Uneigennützigkeit und ihres naiven Glaubens an die Gefahrlosigkeit von Radiumstrahlung.

Die Welt, so Madame Curie, »braucht auch Träumer, für die die uneigennützigen Ergebnisse ihres Werks so wichtig sind, daß es ihnen unmöglich ist, an die materiellen Vorteile zu denken, die sie sich sichern könnten«. Albert Einstein brachte es noch deutlicher auf den Punkt: »Wenn auch nur ein kleiner Teil von Frau Curies Charaktergröße und Hingabe in den Intellektuellen Europas lebendig wäre, stünde es besser um Europas Schicksal.«

Charles Darwin

1809 – 1882

Überaus ruhebedürftig

Wegen seines Stotterns wurde Darwin einmal gefragt, ob ihn das nicht störe. Darwin antwortete: »Ganz im Gegenteil! Es ist mir lieb, denn dadurch habe ich Zeit, nachzudenken, bevor ich spreche.« Die Bemerkung sagt viel aus über den Mann, der mit seiner Evolutionstheorie ein neues Weltbild schuf. Aus einem jugendlichen Schludrian war nicht zuletzt durch konsequente Selbstdisziplin ein überlegter, methodischer, fast pedantischer Wissenschaftler geworden, der alles den Zielen seiner Forschungsneugier unterstellte.

Das war kein leichtes Programm gewesen. Mit miserablen Leistungen hatte Charles die Schule ohne Abschluß verlassen. Da er aus reichem Hause stammte, stand es ihm jedoch trotzdem frei zu studieren. Er beugte sich dem Wunsch des Vaters und begann ein Medizinstudium, das ihn aber bald »unerträglich langweilte«. So wechselte er nach Cambridge zur Theologie, ohne sich auch dort zu überanstrengen: Er genoß das Studentenleben in vollen Zügen, frönte seiner Jagdlust, träumte vor sich hin und ließ ab und an sogar den Kirchenchor zu sich kommen, um sich vorsingen zu lassen.

Mit seiner fünfjährigen Weltreise (1831 bis 1836) auf der »Beagle« änderte sich jedoch Darwins Leben grundlegend, und die Segel wurden gesetzt für seine Entwicklung zu einem der bedeutendsten Wissenschaftler des Jahrhunderts. Neben genauesten Naturbeobachtungen führte er während der Reise ähnlich pedantisch Buch über seine ausgeprägte Neigung zur Seekrankheit. Ebenso entfaltete sich seine soziale Empfindsamkeit, und er wurde zu einem scharfsinnigen Kritiker der damals noch weitverbreiteten Sklaverei.

Wieder auf englischem Boden, hatte Darwin nun ein konkretes Ziel: das Rätsel der Abstammung des Menschengeschlechts und der Entwicklung der Arten zu klären. Um für diese gigantische Aufgabe gerüstet zu sein, ordnete er zunächst seine privaten Verhältnisse. Er ließ sich vorerst in London nieder, und nachdem er sorgfältig auf einer Liste das Für und Wider einer Heirat abgewogen hatte, ehelichte er seine Cousine Emma. Zehn Kinder sollten den beiden beschieden sein. Nach ein paar Jahren verlegten sie ihren Hausstand in das ländliche Down House.

Mit dreiunddreißig Jahren hatte Darwin im Grunde schon seinen Alterssitz gefunden. Dort fand er die Muße und Ruhe, die er für seine Untersuchungen benötigte. In der behaglichen und gesicherten Atmosphäre des Familienguts entstand eines der revolutionärsten Werke der Geistesgeschichte. *Die Entstehung der Arten* sollte das meistgelesene wissenschaftliche Werk des Jahrhunderts werden. Einundzwanzig Jahre dauerte es, bis Darwin es publizierte, und da war es auch höchste Zeit, denn ein Mann namens Alfred Wallace hatte unabhängig von ihm die gleiche Theorie entwickelt (sie einigten sich anscheinend gütlich).

Ruhe war für Darwin sehr wichtig, er reagierte äußerst empfindlich auf jegliche Routinestörungen. Wenn er durch irgend etwas aus dem Gleichgewicht gebracht wurde, etwa eine Essenseinladung, hatte dies sogleich heftige Kopf- und Magenschmerzen zur Folge, die ihn mitunter tagelang ans Bett fesselten. Darwin war ein großer Hypochonder und während der vier Jahrzehnte in Down unablässig von Unpäßlichkeiten geplagt.

Seine Freunde pflegten Briefe von ihm zu bekommen nach dem Schema: »Ich glaube, ich habe während der letzten drei Jahre nicht einen Tag oder vielmehr eine Nacht gehabt, ohne daß mein Magen sehr gelitten hätte« (1845 an Joseph Hooker).

Als freilich nur begrenzt wirksames Gegenmittel hatte sich Darwin einen minutiös festgelegten Tagesablauf verordnet, dem sich auch die Familie unterwarf. Sie scheint dies bereitwillig hingenommen zu haben, denn das Lob für den guten Vater und Ehemann zieht sich einhellig durch alle überlieferten Zeugnisse. Zum Tagesritual gehörten zwei Spaziergänge (einer vormittags, einer nachmittags, beide auf dem für ihn angelegten »Sandweg«), eine von einer Zigarette begleiteten Mittagsruhe und nie mehr als vier Stunden Arbeit. Gerne ließ er sich nach getaner Arbeit einen Roman vorlesen oder spielte mit seiner Frau ein Brettspiel. Um halb elf ging er dann ins Bett.

Es scheint, als hätte der »Kopernikus der Biologie« seinen persönlichen »Kampf ums Dasein« während seiner fünfjährigen, abenteuerlichen Reise hinter sich gebracht. Für die geistige und emotionale Verarbeitung dieses Abenteuers brauchte er dann achtmal so lange. Am Ende war er mit sich und seiner Umgebung jedoch offensichtlich zufrieden. Als die Zeit für ihn gekommen war, sagte er: »Ich habe nicht die geringste Furcht zu sterben.«

Eleonora Duse

1859 – 1924

Auf den Brettern der Hölle

»Die Duse«, wie sie gemeinhin ehrfurchtsvoll genannt wurde, gehört zu den unsterblichen Legenden des Theaters. Zur Jahrhundertwende war sie eine der bekanntesten Schauspielerinnen der Welt, und die Kritiker überboten sich mit Lobeshymnen auf ihr außerordentliches Talent, das, wie viele meinten, sogar dem der Sarah Bernhardt überlegen, wenn nicht gar aufgrund seiner einzigartigen Lebendigkeit überhaupt unvergleichlich sei. So schreibt beispielsweise Alfred Kerr über sie: »In Jahrhunderten einmal erscheint ein Mensch ihrer Gattung. Ohne Nachbarschaft leuchtet sie und verglüht.«

Liebe, Leid und Leidenschaft begleiteten die Duse ihr Leben lang. Ihr Leitspruch war: »Wo du nicht lieben kannst, gehe vorüber.« Als junge Twen verliebte sich Eleonora in einen deutlich älteren, als Herzensbrecher bekannten Journalisten, der sie auch prompt links liegen ließ, als sie schwanger wurde. Eleonora brachte das Kind zwar zur Welt, aber es starb bald darauf, was nicht spurlos an ihr, der Gefühlsbetonten, vorüberging. Zum absoluten Liebestaumel geriet ihre Beziehung mit dem Dichter Gabriele D'Annunzio. Für ihn setzte die Duse sogar ihre Kunst aufs Spiel, denn D'Annunzio schrieb ihr Stücke, die nur bedingt spielbar waren und ihrem Genie kaum gerecht wurden. Der selbstverliebte Dandy beutete sie in jeder nur erdenklichen Hinsicht aus. Nachdem er sich ihrer Popularität genug bedient hatte, ließ er sie gnadenlos für eine Jüngere fallen - doch auch das beendete nicht Eleonoras Leidenschaft für ihn. Dies ging so weit, daß sie der Veröffentlichung von D'Annunzios Roman *Feuer* im Namen der Kunst zustimmte, obwohl sie darin gnadenlos und unschwer erkennbar als abgetakelte Geliebte geschildert wird.

Eleonora Duse gehörte zu jenen Charakteren, die sich konsequent und kompromißlos bis zur Selbstquälerei einer Sache verschreiben - ob in der Liebe oder im Beruf. Ihr Genie rührte nicht zuletzt daher, daß sie die Rollen, die sie spielte, auch emotional verkörperte: »Weißt du nicht, daß tausend Frauen in mir sind und daß jede auf ihre Weise mich leiden macht?« Der Perfektionismus und die Emotionalität ihres Spiels endeten oft in völliger Verausgabung. Zu alledem erlegte ihr ein Lungenleiden von früh auf regelmäßige Zwangspausen auf.

»O die Kunst - welche Verwüstung meines Lebens, welche Zuflucht!« Die Bühne war Eleonora Duses Leben und gleichzeitig ihr Leiden - oft sprach sie von den Brettern, die angeblich die Welt bedeuten, als einer »Hölle«. Ihre Freundin Isadora Duncan schrieb in ihren Lebenserinnerungen: »Ihr großes Herz war imstande, alle Tragödien dieser Welt in sich aufzunehmen.« Und dafür hatte sie einen gehörigen Preis zu bezahlen.

Die Duse starb an einer schweren Lungenentzündung während ihrer überwältigenden Comeback-Tournee nach mehr als zehn Jahren Bühnenabstinenz. Ihre triumphale Reise durch die Vereinigten Staaten war begleitet von schweren Erschöpfungszuständen. Pittsburgh, damals noch scheußliches Schreckensbild der amerikanischen Schwerindustrie, bot die düstere Kulisse für Eleonora Duses Abgang von der Bühne des Lebens.

Albert Einstein

1879 – 1955

Sockenlos zu einem neuen Weltbild

»Alles ist relativ«, sagt der eine zum anderen, und beide nicken bedeutungsschwer. Offensichtlich haben wir es hier mit einer extremen Verdichtung der Einsteinschen Relativitätstheorie zu tun, die heute gerne Anwendung findet. Einstein selber hat seine Theorie einem Neugierigen gegenüber auf diese Weise vereinfacht: »Sitzt du eine Stunde neben einem süßen Mädel, wird es dir nur wie eine Minute vorkommen. Sitzt du hingegen nur eine Minute auf einem heißen Ofen, wird es dir bestimmt wie eine Stunde vorkommen.« Bezogen auf ihre Komplexität und wissenschaftliche Tragweite, ging er allerdings davon aus, daß nur wenige die Theorie gänzlich verstünden.

Albert Einstein war Physiker, Philosoph, Pazifist und ein Musterexemplar eines Nonkonformisten. Mut und Vorwitz begleiteten ihn bis ins hohe Alter (er sah sich selbst als »lustigen Fink«) – dem Stereotyp des knochentrockenen Wissenschaftlers entsprach er ganz und gar nicht. Noch als Zweiundsiebzigjähriger verschickte er eine Geburtstagskarte an alle Freunde, auf der die herausgestreckte Zunge das Grüßen übernimmt. Selten hat einer ein ganzes Weltbild revolutioniert und dabei eine so gute Laune behalten, die dennoch nicht auf Kosten der Selbstreflexion ging – nur wenige Schwerdenker haben sich so gründlich über die Verantwortung ihres Tuns den Kopf zerbrochen.

Mit fünfzehn quittierte er die Schule und machte erst mal ein Jahr Pause, bevor er in einer liberaleren Schule einen neuen Versuch wagte. Auch an der Uni brachte er es nicht zum Musterstudenten. Bei den Professoren war Albert nicht sonderlich beliebt, und im übrigen war er schlichtweg ein Schlamper. Mathematik war nicht sein Fall, aber er schwänzte auch andere Pflichtveranstaltungen, was ihm schließlich einen Verweis einbrachte. Die Diplomprüfung schaffte er nur, weil er sich überwand, die akribisch geführten Skripts seines Freundes Marcel Großmann durchzuarbeiten. Denn er selbst schrieb während der Vorlesungen selbstverständlich nicht mit – von Nachbereitungen ganz zu schweigen.

Seit seinem sechsten Lebensjahr spielte Albert Violine, und dies behielt er sein Leben lang bei. Man gewöhnte sich daran, daß er seinen Geigenkasten ständig in Reichweite hatte, so auch bei Sitzungen der Akademie der Wissenschaften. Einmal hörte er während eines Besuches bei Freunden Klavierspiel in einem Nachbarhaus. Er fragte schnell, woher es genau komme, griff sich sein Instrument, lief los, platzte ohne Vorwarnung in das Zimmer des Musizierenden, einer ihm völlig fremden älteren Frau (»Spielen Sie nur weiter!«), und begleitete sie mit einem vergnügten Lächeln auf seiner Geige.

Einstein fand jegliche Form von Autorität peinlich. Geistige Unabhängigkeit und Freiheit war seine Losung. Und zu allem sympathischen Überfluß war er auch noch bescheiden und äußerst großzügig. Mit korrekter Kleidung hatte der Ordnungsmuffel seine Schwierigkeiten, was ihm manche versteckte oder offene Anspielung eintrug. Er war zu bequem, zum Friseur zu gehen, und auch Socken erklärte er irgendwann für überflüssig. Man könne auch ohne in Schuhen laufen – seine Frau sei ständig mit Stopfen beschäftigt gewesen.

Die Geldsumme, die mit der Verleihung des Nobelpreises für Physik (1921) verbunden war, überschrieb er seiner ersten Frau Mileva, von der er schon sieben Jahre getrennt lebte. Seine zweite Frau Elsa machte ihm regelmäßig Szenen, wenn er irgendeinem »Gauner« Geld gab. Seine Maxime lautete: »Der wahre Wert eines Menschen ist in erster Linie dadurch bestimmt, in welchem Grad und in welchem Sinn er zur Befreiung vom Ich gelangt ist.«

»Wir begrüßen den neuen Kolumbus der Naturwissenschaft, der einsam durch die fremden Meere des Denkens fährt.« So wurde Einstein in der Princeton University willkommen geheißen. In Deutschland dagegen waren 1933 nicht weniger als 50.000 Reichsmark auf seinen Kopf ausgesetzt. Alles ist eben relativ.

Kaiserin Elisabeth von Österreich

1837 – 1898

Fetischistin im Namen der Schönheit

»Sie betete ihre Schönheit an wie ein Heide seine Götzen und lag vor ihr auf den Knien«, lästerte Sissis Nichte Marie Larisch über die Kaiserin von Österreich und Königin von Ungarn. Immerhin war ihre Schönheit in der Tat legendär. Kaiser Wilhelm II. bezeichnete Sissi als die schönste Frau der Welt, und der damalige Schah von Persien machte ihrem Gemahl sogar ein Kaufangebot für seine Gattin – andere Länder, andere Sitten.

Alle Zeichen standen vorerst auf Glück und Sonnenschein, als die Wittelsbacher Liese von Possenhofen mit fünfzehn mit dem Habsburger Kaiser Franz Joseph verlobt wurde (sie waren sich nur drei Tage vorher das erstemal begegnet). Am zufriedensten wird aber Lieses Mutter gewesen sein, die das Ganze geschickt eingefädelt hatte. Bald fand unter großer Anteilnahme die pompöse Hochzeit statt, und fortan ging es abwärts mit der schönen Frau.

Sissi haßte das höfische Protokoll und die ihr auferlegten repräsentativen Pflichten. Sie kam mit ihrer Schwiegermutter, der Erzherzogin Sophie, nicht zurecht, und auch mit Franz Joseph ging es nicht gerade bestens. So wundert es nicht, daß Sissi sich in die innere Einsamkeit zurückzog. Sie warf sich auf einen exzessiven Körperkult - Sport bis zum Umfallen, Diät bis zur Magersucht und Schönheitspflege bis zur Besessenheit.

Während der vielen Reisen, die sie als junge Twen begann, war ein tägliches Laufpensum von mindestens acht Stunden die Norm (ein Diener lief hinterher, um diverse Kleidungsstücke aufzugabeln, derer sich Sissi auf dem Weg entledigt hatte, und ihr »Fitnessberater« mußte ihr begleitend aus einem Buch vorlesen). Zu ihren Vorlieben gehörten auch Reiten und Schwimmen. Zu Hause in Wien ließ Sissi sich ein Turnzimmer einrichten, in dem sie sich abrackerte.

Exzessiver Sport und Nahrungsmangel vertragen sich nicht gut, aber Sissi kümmerte das nicht. Dem Hof wird das kaum gefallen haben: Sobald die Kaiserin das Essen beendete, hatten auch die anderen ihr Besteck fallen zu lassen. Resultat ihrer Hungerkuren waren ein Gewicht beständig unter fünfzig Kilogramm und eine Wespentaille, um die sie viele Damen beneideten.

Wenn Sissi nicht gerade Sport trieb, widmete sie sich ihrem Aussehen. Mit Schönheitspflege allein konnte ein Tag schnell um sein - so lange dauerte zum Beispiel das Haarewaschen, das alle drei Wochen stattfand. Allein das tägliche Frisieren der Kaiserin nahm drei Stunden in Anspruch. Auch Kaltwasserbäder gehörten zur Regel - sehr frei nach Kneipp, denn Sissi übertrieb es auch hier, indem sie Stunden im kalten Wasser ausharrte. Nachts wickelte sie sich in nasse Laken, um Cellulitis vorzubeugen, und ihre Bettstatt war nicht etwa ein samtplüschiges Wolkenheim, sondern ein hartes Eisengestell.

Alter und Verfall waren der Alptraum schlechthin für Sissi. Aber alle selbstquälerischen Praktiken kamen auf Dauer nicht dagegen an. In die Jahre gekommen ließ sie keine Porträts mehr von sich anfertigen, geschweige denn Fotografien. Ihr Gesicht versteckte sie stets hinter einem Fächer. Aufrichtige Beobachter haben bescheinigt, daß die alternde Kaiserin trotz aller Gegenwehr recht runzelig gewesen sei. Die physische Härte gegen sich selbst hatte zudem zur Folge, daß Sissi oft an unattraktiven Hungerödemen litt.

Hinzu kamen schwere Depressionen nach dem Freitod ihres Sohnes Rudolf – er erschoß in Mayerling seine Geliebte und dann sich selbst. Von da an trug Sissi nur noch schwarz. Zu den wenigen Lichtpunkten in ihrem Leben gehörten ihre Reisen. Ein ganzer Troß von vierzig Bediensteten begleitete sie, samt Hunden, Pferden und sogar zwanzig Kühen (Sissi war eine leidenschaftliche Milchtrinkerin). Sie liebte Seereisen, und es heißt, sie habe sich einmal bei stürmischer See an den Mast binden lassen, um hautnah das Unwetter zu erleben. Auch soll ein Anker-Tattoo ihre Schulter geziert haben, was man heutzutage durchaus als »cool« bezeichnen kann.

Eine weitere Freude in ihrem Leben war der ungarische Graf Andrássy, mit dem man ihr eine glückliche Liaison nachsagte. Dessen Bekanntschaft hatte sie bei ihren (erfolgreichen) Bemühungen um eine Aussöhnung der Donaumonarchie mit den Ungarn gemacht. Die beiden trafen sich in einem Schlößchen mit dem schönen Namen Gödöllö, und Sissis viertes Kind, so wird vermutet, entstammt diesem Verhältnis.

Mit sechzig wurde Elisabeth von einem verwirrten italienischen Anarchisten in Genf umgebracht – er stach ihr mit einer Feile mitten ins Herz. Da sich ihr Todestag zum hundertsten Mal jährte, wird der Markt noch immer mit einer Flut von Sissi-Produkten überschwemmt. Nicht weniger als zweihundert Devotionalien, von der Barbie-Puppe bis zum Schokoladentaler, sind zu haben. Es drängt sich unwillkürlich der Vergleich mit einer Prinzessin auf, die mit Sissi neben dem Kultstatus vieles andere gemein hatte und im Sommer 1997 in Paris eines gewaltsamen Todes anderer Art starb.

Sigmund Freud

1856 – 1939

Freigebiger Verteiler von Kokain

Sigmund Freud, Begründer der Psychoanalyse mit außerordentlichem stilistischem Talent, war schon als Kind von unstillbarem Wissensdurst und einem unübersehbaren Sendungsbewußtsein getrieben – er verschlang ein Buch nach dem anderen und bevormundete, wo es ging, als Erstgeborener seine Geschwister. In der Schule war der Musterknabe, der ein Jahr früher eingeschult worden war, stets Klassenprimus und bestand seinen Abschluß mit Auszeichnung.

Es ist nachvollziehbar, wenn sich jemand, der so durchstartet, schnell an den Erfolg gewöhnt und selbstverständliche Ansprüche auf Anerkennung hegt. So wundert es nicht, daß der große Wissenschaftler wenig erfreut war, siebzehn Jahre auf seine Ernennung zum außerordentlichen Professor warten zu müssen. Mit einigem Recht nahm er es der Stockholmer Akademie übel, beim Nobelpreis übergangen worden zu sein, und seiner Heimatstadt Wien, in der er fast sein gesamtes Leben verbrachte, ihn nicht gebührend gewürdigt zu haben.

Am Anfang seiner Karriere war der Psychoanalytiker fasziniert von der damals noch weitgehend unbekannten Droge Kokain, die er als »Zaubermittel« pries. Er soll sie über einen Zeitraum von etwa zehn Jahren freudig konsumiert haben (sein grundlegendes Werk, *Traumdeutung*, aus dem Jahre 1899 schrieb er wahrscheinlich unter Kokaineinfluß). Auch seiner Verlobten Martha Bernays schickte er ab und an ein wenig von dem Pulver, damit sie »stark und kräftig« werde. Beide wurden nicht abhängig davon, wohl aber ein Freund und Kollege Freuds. Diesem versuchte er mit Kokain von dessen Morphiumsucht zu befreien, was gründlich danebenging – der Mann wurde kokainsüchtig und starb. Damit endete zugleich Freuds fragwürdiger Versuch, über das Forschungsthema Kokain den großen wissenschaftlichen Durchbruch zu erlangen.

Seiner Beziehung zu Martha scheint das keinen Abbruch getan zu haben. Vier Jahre lang waren die beiden verlobt, bis es endlich zur Hochzeit kam. Er schrieb ihr in dieser Zeit über neunhundertmal und lebte völlig enthaltsam. Dann purzelten die Kinder eins nach dem anderen, bis es sechs an der Zahl waren. Freud bestand bei jedem einzelnen Kind darauf, allein zu entscheiden, welchen Namen es tragen sollte, denn der Name eines Menschen sei »ein Hauptbestandteil seiner Person, vielleicht ein Stück seiner Seele«. So bekamen die Kinder jeweils Namen, die von Vorbildern Sigmunds herrührten.

Freud war ein passionierter Sammler von Witzen, Antiquitäten und Büchern. Jeden Samstagabend spielte er Tarock, und er rauchte bis zu zwanzig Zigarren am Tag. Sonntags besuchte er regelmäßig seine Mutter. In späteren Jahren gehörte seine besondere Zuneigung einem Chow-Chow namens »Jofi«. Ansonsten war der Alltag des großen Seelenkenners von unermüdlicher Arbeit bestimmt – in der Praxis, in Vorlesungen und der Vorbereitung der Veröffentlichungen. Dank des Vermächtnisses eines seiner Patienten konnte er sogar einen eigenen Verlag gründen, in dem fortan seine Bücher erschienen (der Verlag wurde später von den Nazis liquidiert). Kurzum: Der Mann war ausgelastet. Seine intellektuell wenig ehrgeizige Martha kümmerte sich um Heim und Herd, womit sie brav Freuds konservativem Frauenbild genügte.

Die Nikotinsucht wurde Freud schließlich zum Verhängnis. 1923 wurde Gaumenkrebs festgestellt, was ihn jedoch nicht davon abhielt weiterzurauchen (mehrere Versuche der Abstinenz waren mißglückt). Sechzehn Jahre lang laborierte er an der Krankheit und ließ dreiunddreißig Operationen über sich ergehen. Am Ende, er befand sich mit seiner Tochter und geistigen Erbin Anna im Londoner Exil, bat er seinen Arzt, ihm unnötige Todesqualen zu ersparen. Mit Hilfe einer Überdosis Morphium entschlief der Erwecker der Libido sanft.

König Friedrich II. der Große

1712 – 1786

Appetit auf Pikantes

Der Vater des Kronprinzen Friedrich, der »Soldatenkönig« Friedrich Wilhelm, würde für seine Erziehungsmethoden nach heutigen Maßstäben geradewegs ins Gefängnis gesteckt. Friedrich, künftig »der Große«, später auch der »alte Fritz« genannt, mußte derart viele Hiebe einstecken, daß man sich über seinen Fluchtversuch nicht wundert.

Schlimmer noch als die Prügel waren die Folgen dieses Vorhabens. Der Plan wurde aufgedeckt, und Friedrich wanderte auf Befehl seines Vaters in Festungshaft (ursprünglich sollte er von der Thronfolge ausgeschlossen werden). Der despotische Vater ließ darüber hinaus Friedrichs besten Freund und Mitwisser, den Leutnant von Katte, vor den Augen des Kronprinzen hinrichten. Dieser fiel darauf in Ohnmacht und schwor sich danach, wenn er jemals regieren sollte, solch mittelalterlichen Geist aus seinem Land zu vertreiben. Politisch gelang ihm dies großenteils, persönlich jedoch verteilte er ebenso gerne Hiebe und war mit der Aburteilung anderer schnell bei der Hand.

Scheinbar fügte er sich nun in das väterliche Erziehungsprogramm, das vor allem einen glänzenden Soldaten aus ihm machen sollte (das wurde er tatsächlich) und einen gottesfürchtigen Herrscher, weshalb er ohne Ende Gebetsexerzitien über sich ergehen lassen mußte und regelmäßig Bibellesungen anzuhören hatte (mit der Religion hatte er später nichts im Sinn). Friedrichs Liebe galt der schöngeistigen, insbesondere der französischen Literatur und der Musik, speziell dem Flötenspiel. Beiden Passionen konnte er nur heimlich nachgehen. Und wehe, wenn der Vater ihn erwischte!

Auch in Sachen Heirat hatte er keine Wünsche zu äußern, und so mußte Friedrich mit Prinzessin Elisabeth-Christine vorliebnehmen, einer Dame, die sich mit der Zeit bereitwillig dem Schicksal fügte, mit einem Menschen vermählt zu sein, der nicht das geringste Interesse für sie aufbrachte. Nach Ende des Siebenjährigen Krieges, den er fast durchweg im Feldlager verbrachte, fand Friedrich für die Königin beim Wiedersehn nur die reizenden Begrüßungsworte: »Madame sind korpulenter geworden.« Auch in seinem Lieblingsort Sanssouci hatte die arme Frau nichts verloren; dort wurden mit Ausnahme der Tänzerin Barberina Campanini überhaupt keine Frauen geduldet. Friedrich verabscheute »Gänschen mit leerem Gehirn«, was seiner Ansicht nach auf nahezu alle Damen zutraf.

Dauerhafte Freundschaften verbanden ihn nur mit Männern, allen voran sein Geheimer Kämmerer Fredersdorf, den Voltaire, der einige Jahre in Sanssouci zubrachte, als »das große Faktotum des Königs« bezeichnete. Etwa dreihundert Briefe Friedrichs an Fredersdorf – allesamt in Friedrichs eigentümlicher deutscher Orthographie – wurden publiziert (»Kome doch am fenster! ich wohlte Dihr gerne Sehen. gestern habe ich Deine besserung Celebrirt mit 2 butteilen ungerischen wein.«). Fredersdorf starb, sehr zum Leidwesen seines Königs, während des Siebenjährigen Krieges.

Im Alter galt seine ganze Liebe fast ausschließlich seinen Windhunden, die ihn auf Reisen begleiteten, in seinem Bett schliefen und von den Dienern respektvoll gesiezt wurden. Wenn sie trotz des erlesenen Futters – Friedrichs notorischer Geiz machte hier eine Ausnahme – das Zeitliche segneten, wurden sie in kleinen Särgen bestattet. Des Königs Lieblingshund bekam sogar ein kleines Denkmal und die Ehre vieler hoheitlicher Tränen des Herrschers.

Da stand Friedrich schon selbst fast am Rande des Grabes. Er vernachlässigte sich, trug einen abgenutzten blauen Rock, schmutzige Stiefel, eine zerzauste Perücke und abgewetzte Hemden. Gesicht und Kleidung waren ständig unübersehbar mit Schnupftabak bekleckert, denn Friedrich war diesem kleinen Laster rettungslos verfallen. Er liebte auch scharf gewürzte, schwere Speisen, die ihm seine Ärzte vergebens auszureden versuchten. Morgens trank er sieben bis acht Tassen Kaffee, den er mit Senf oder Pfeffer nachwürzte.

Der »Philosoph von Sanssouci«, wie er sich selbst gern bezeichnete, herrschte sechsundvierzig Jahre lang mit dem Ziel, die Macht Preußens zu mehren. Das ist ihm wohl geglückt, wenn auch mit politisch äußerst fragwürdigen Methoden und auf Kosten vieler tausend Menschenleben. So bleibt seine Stellung im Buch der Geschichte umstritten. Seine Kritiker werfen ihm die Anzettelung mutwilliger Kriege vor, seine Lobredner rühmen seine Leistung, Rechtsstaatlichkeit und Toleranz zum preußischen Staatsprinzip erhoben zu haben. Außer Frage stehen seine kulturellen Anstrengungen. Er förderte Wissenschaft, Musik und Philosophie ebenso wie die religiöse Toleranz im Lande und war selbst ein passabler Komponist. Unter anderem sind hundertzwanzig Flötensonaten aus seiner Feder erhalten.

Johann Wolfgang von Goethe

1749 – 1832

Dem Wein verfallen

Goethe war schon mit fünfundzwanzig in ganz Europa berühmt. *Die Leiden des jungen Werthers* (1774) trafen den empfindsamen Nerv der ganzen jungen Generation und lösten eine Welle an Nachahmungsselbstmorden aus. Bis heute gilt der stattliche, wenngleich kurzbeinige Mann als der größte Dichter Deutschlands und prägt unser kulturelles Selbstverständnis.

Die Familie litt anscheinend unter ungünstigen Erbbelastungen und erlosch kurz nach dem Ableben ihres prächtigsten Vertreters. Goethes geliebte Schwester Cornelia starb geisteskrank mit siebenundzwanzig. Vier weitere Geschwister überlebten die Kindheit erst gar nicht. Auch von Goethes fünf Kindern kam nur Sohn August in die Jahre, segnete aber mit einundvierzig, vermutlich an den Folgen seiner Trunksucht, das Zeitliche. Eine Enkelin wurde keine zwanzig, und die beiden männlichen Enkel hinterließen keine Kinder.

Vielleicht trug diese hohe Sterblichkeit in der Familie dazu bei, daß Goethe die Konfrontation mit Krankheit und Tod zutiefst verhaßt war. Man trug stets größte Sorge, ihn so wenig als notwendig zu behelligen, wenn Familienmitglieder oder Freunde erkrankten beziehungsweise starben. Schon als junger Mann in Straßburg hatte Johann Wolfgang versucht, sich seinen Ekel vor dem Verfall auszutreiben, indem er sich bewußt dem Anblick von Krankheit und Tod aussetzte – vergebens. (Schwindelgefühle suchte er in der Besteigung des Münsters zu bändigen, seinen Widerwillen gegen Lärm, indem er während des Zapfenstreichs neben den Trommlern herlief.)

In der goetheschen Familiengeschichte ist nicht nur bei August ein gewisser Hang zur Trunksucht offenkundig. Goethe selbst liebte den Wein außerordentlich und trank reichlich davon – bis zu zwei, drei Flaschen am Tag. Seine Geliebte und spätere Frau Christiane, Tochter eines Trinkers, soll bisweilen noch größere Quanten konsumiert haben. »Wenn ich den Wein abschaffen könnte«, äußerte er, »wäre ich sehr glücklich.« Gegen Kaffee und Tabak wetterte Goethe dagegen mit Inbrunst. Auch Hunde konnte er nicht ausstehen. Dafür schätzte er die Freuden der Tafel, was sich in mittleren Jahren beträchtlich auf seinen Leibesumfang auswirkte. Schon während seines Studiums in Leipzig hatte sich der Patriziersohn regelmäßig Frankfurter Schwartenmagen von seiner Mutter schicken lassen.

Goethe entstammte einer wohlhabenden Familie. Schon mit zweiundzwanzig war er Rechtsanwalt, acht Jahre später wurde er in Weimar zum Geheimen Rat ernannt, knapp drei Jahre darauf geadelt, und ab 1815 war er schließlich Staatsminister. Goethe litt also nie finanziellen Mangel, zumal er für seine Werke beträchtliche Honorare einforderte und auch erhielt. Indes kam es vor, daß er bei seinem Weinhändler wiederholt mit hohen Beträgen in der Kreide stand, und Eckermann, sein Sekretär im Alter, wurde dermaßen dürftig entlohnt, daß es vierzehn Jahre dauerte, bis er seine Verlobte heiraten konnte.

Goethe führte genau Buch über seinen Besitz. In späteren Jahren, nachdem seine Schwiegertochter Ottilie im Führen des Haushalts gescheitert war, ging Goethe so weit, den Schlüssel zur Vorratskammer an sich zu nehmen. Er nahm die Zuteilungen an die Hausangestellten selbst vor und wog sogar deren Brotrationen eigenhändig ab. Mit dem Eigentum anderer ging er dagegen ziemlich locker um. Bei Schulden ließ er sich lange mahnen, bevor er gnädig bezahlte, und Leihgaben behielt er einfach ein, so zum Beispiel einen Platin-Barren und etwa hundert Dürer-Stiche. Ein Professor Büttner, der Goethe optische Instrumente geliehen hatte, mußte diese durch seinen Diener mit Gewalt zurückholen lassen, nachdem alle schriftlichen Bitten unbeantwortet geblieben waren. Goethe war eben ein leidenschaftlicher Sammler (er besaß unter anderem eine riesige Kunstsammlung, darunter viele Erotica).

Ein merkwürdiges Kapitel stellt seine Beziehung zu Christiane Vulpius dar, mit der Goethe achtzehn Jahre in wilder Ehe lebte, bevor er sie endlich doch heiratete. Christiane wird als verhältnismäßig einfach gestrickt geschildert. Für Goethes Mutter war sie sein »Bettschatz«, Wieland bezeichnete sie als Goethes »Magd«, und von Schiller wurde sie erst gar nicht beachtet. Bettina Brentano nannte sie einmal recht unhöflich »eine wahnsinnige Blutwurst«, woraufhin der vorlauten Göre prompt Hausverbot erteilt wurde, denn das ging selbst Goethe zu weit. Er hatte seinen Teil zu Christianes Geringschätzung beigetragen, indem er sie selten in die Öffentlichkeit mitnahm und sie lange Jahre einfach in der Küche essen ließ, wenn Gäste in der guten Stube waren. Aber alles in allem empfand er ihr gegenüber doch ziemlich viel, denn als sie starb (gerade mal Anfang Fünfzig), trauerte er lange und schwer.

Der große Dichter überlebte seine Frau um knapp sechzehn Jahre, in denen er sein Lebenswerk mit dem zweiten Teil des *Faust* krönen konnte. Den dazu nötigen Energieschub hatte der über siebzigjährige Oldie durch die letztlich unerfüllte, aber poetisch fruchtbare Liebe zu der entzückenden Teenie Ulrike von Levetzow erhalten.

Vincent van Gogh

1853 – 1890

Selbstverstümmelung als Ausweg

»Entweder hungern – oder weniger arbeiten, und wenn irgend möglich habe ich das erstere gewählt«, schrieb Vincent van Gogh, neben Cézanne der entscheidende Wegbereiter der modernen Kunst, an seinen Bruder Theo. Wie der Maler wohl dazu stünde, daß seine Bilder, deren Leinwände und Farben er kaum bezahlen konnte, von den großen Auktionshäusern für Rekordsummen versteigert wurden (bis zu 155 Millionen Mark für das *Bildnis Dr. Gachet*)? Er würde sich vielleicht an den Kopf fassen – dorthin, wo das Ohr fehlte – und denken, daß der Schmerz und der Wahnsinn, sein Leiden an sich und der Welt wenigstens nicht umsonst gewesen sein mögen. So schrieb er auch an seinen Bruder Theo bezüglich seiner Suche nach einem Ziel: »Vielleicht kommt es nie dahin, aber falls eine Wendung zum besseren eintritt, würde ich das als einen Sieg betrachten, ich wäre froh, ich würde sagen: endlich! es war doch etwas dahinter!«

Erst mit siebenundzwanzig Jahren fing van Gogh an, seine Bestimmung zum Künstlertum zu finden, und das wider jede Vernunft, denn er war bar jeglichen Talents und kämpfte ständig gegen eine motorische Störung der Hand an. In den Jahren zuvor hatte er als Kunsthändler in der Galerie seines teilhabenden Onkels, Goupil & Co., in Den Haag, London und Paris gearbeitet. Aufgrund fehlender Arbeitsmoral wurde er schließlich entlassen und entwickelte sich zu einem ostentativen Gegner dieser »Schwindel«-Branche. Er versuchte sich als Hilfsprediger, als Buchhändler, verpatzte seine Aufnahme für ein Theologiestudium und in eine Methodistenschule. Er wurde Evangelist, nach einem halben Jahr wieder entlassen und verkündete daraufhin ein Jahr in eigenem Auftrag das Evangelium, bis er auch das aufgab. Scheitern und kein Ende.

Auch in Liebesdingen war ihm kein Glück beschieden. In London hatte er sich von einem Schwarm einen Korb abgeholt, was ihn zutiefst demütigte. Und bei seiner Cousine Kee konnte er ebenfalls nicht landen. Der jungen Witwe gegenüber benahm er sich derart aufdringlich und taktlos, daß ihm schließlich das Haus verboten wurde und sein Vater mit ihm brach. Wie aus Trotz suchte Vincent Trost im Zusammenleben mit der wenig anmutigen, Schnaps trinkenden und Zigarren rauchenden Prostituierten Sien – auch diese Liaison scheiterte.

So gab es wenig, worauf er hätte stolz sein können, aber zumindest hatte Vincent mit dem Zeichnen und, wenngleich zunächst lustlos, mit dem Malen begonnen. Schließlich biß er sich mit der ihm eigenen Mischung aus Entschlossenheit und Selbstquälerei daran fest. Er war wenig umgänglich und konnte froh sein, daß sein Bruder ihn zeitlebens als Intimus und Finanzier unterstützte.

Im Jahre 1888 zog es ihn schließlich ins provençalische Arles, wo er für seine Kunst den Himmel auf Erden fand. Mit einer ungeheuren Arbeitswut gab er sich dem Rausch der Landschaft hin und versuchte, ihr Geheimnis auf die Leinwand zu bannen. Man traf ihn mit seinen »Perspektivrahmen« auf den Feldern an oder mit brennenden Kerzen auf seinem Strohhut, die ihm für seine berühmten Nachtbilder Licht spendeten.

Sein körperlicher Zustand befand sich in einem krassen Gegensatz zu den schillernden Bildern, die er sich abrang. Ein paar Jahre vorher hatte van Gogh sich eine syphilitische Erkrankung zugezogen, die ihm die Zähne ausfallen ließ. In Arles angekommen, waren davon schon nicht mehr viele übrig. Außerdem hatte er wie ein Schlot geraucht und beträchtliche Mengen des Höllengesöffs Absinth getrunken – wodurch er praktisch impotent wurde.

In Arles besuchte ihn auch sein Freund Gauguin, den er zutiefst bewunderte. Was eine kreative Zeit des gegenseitigen Austausches werden sollte, endete jedoch im Fiasko. Gauguin berichtete Jahre später, Vincent habe ihn körperlich bedroht. Ob er ursprünglich Gauguins Ohr abschneiden wollte, ist nicht mehr zu klären. Sein eigenes mußte jedenfalls in einem nächtlichen Anfall dran glauben – er überreichte es einer örtlichen Prostituierten, die vermutlich nicht sehr angetan war.

Viel Zeit blieb van Gogh nun nicht mehr. Genug jedoch, um einige seiner beeindruckendsten Bilder zu malen. Der Gemeinderat von Arles bestand darauf, daß er in eine nahegelegene Anstalt eingeliefert werde, und Vincent fügte sich dem Votum mit bemerkenswerter Einsicht. Dort gestand man ihm mit der Zeit nicht wenige Freiheiten zu und sogar einen eigenen Raum zum Arbeiten. Erholt hat er sich jedoch nicht von seinen seelischen Krisen, und vielleicht war dies mit ein Grund, seinem Leidensleben ein Ende zu setzen. Er verließ die Anstalt und schoß sich in Auvers-sur-Oise zwei Monate später eine Kugel in den Leib.

»Ich bin doch zu irgend etwas gut, ich habe eine Daseinsberechtigung! Wozu nur könnte ich taugen, wozu könnte ich dienen? Es ist etwas in mir, was ist es nur!« Die Frage wurde bald nach seinem Tod von der Nachwelt beantwortet.

Franz Joseph Haydn

1732 – 1809

Von der »Bestie« gequält

Haydn war sehr bescheiden, er war ein Reinlichkeitsfanatiker, und er entstammte ärmlichen Verhältnissen. Seine Ausgeglichenheit trug dazu bei, sich den außerordentlichen Ruhm in späteren Jahren nicht zu Kopfe steigen zu lassen. Neben seinem Talent, gemischt mit einer guten Portion Fleiß, hatte der junge Joseph auch das Glück, zur rechten Zeit die richtigen Leute kennenzulernen, die ihn großzügig förderten.

Mit sechs Jahren sang er im Kirchenchor und erhielt ersten Musikunterricht, und mit acht war er Mitglied des Knabenchors im Wiener Stephansdom. In dieser Zeit voller Entbehrungen (viel Disziplin, wenig Essen, ein bißchen Prügelstrafe) machte er auch seine ersten Kompositionsversuche. Doch mit Erreichen des Stimmbruchs wurde er flugs vor die Tür gesetzt – eine damals übliche Praxis.

Das Glück spielte jedoch sozusagen auf

seiner Saite. Er kam bei einem liebenswürdigen Tenor unter, tingelte mit seiner Geige durch Wien und erhielt später von einem anderen Freund ein Darlehen, wodurch er sich der Musiktheorie widmen konnte. Schließlich landete Haydn im Hause Esterházy, wo er 1766 zum Ersten Kapellmeister aufstieg. Knapp dreißig Jahre blieb er im Dienst des fürstlichen Hauses, nicht immer glücklich darüber, daß er dem gesellschaftlichen Treiben Wiens die meiste Zeit fern war.

Ein Jahrzehnt länger währte seine Ehe mit Anna Maria Keller, die er wohl aus Pflichtgefühl heiratete, nachdem ihre jüngere Schwester sich ihm verwehrt hatte und Anna Maria sonst vermutlich unverheiratet geblieben wäre. Die Vermählung sollte sich als großer Fehler in Haydns Leben erweisen: Nicht nur hatte Anna Maria in seinen Augen keinerlei Qualitäten, sie dünkte ihn geradezu eine »höllische Bestie«.

Mit siebenundvierzig verliebte sich der Komponist in die junge Luigia Polzelli, die ihrerseits wiederum mit einem ungeliebten, älteren Geiger geschlagen war. Die Beziehung der beiden währte viele Jahre, während derer sie in hoffnungsfrohen Briefen das baldige Ende der jeweiligen Ehepartner herbeisehnten, um selbst heiraten zu können. Nach des Geigers Tod im Jahre 1791 schrieb Haydn: »Teure Polzelli, vielleicht wird jene Zeit kommen, welche wir uns so oft herbeigewünscht haben, daß vier Augen sich schließen würden. Zwei haben sich geschlossen, aber die andern zwei – je nun, wie Gott will.« Der Wunsch sollte ihm so bald nicht gewährt werden. Als Anna Maria endlich starb, war die Liebe zu Luigia erkaltet. Haydn blieb Witwer.

Mit fünfzig war Haydn vermögend und berühmt. Er trat der Freimaurerloge bei, befreundete sich herzlich mit dem jüngeren Mozart und erhielt den Ehrendoktor der Universität Oxford. Sonderlich gebildet war der Autodidakt zwar nicht, aber es waren ja seine Leistungen als Komponist, die da belohnt wurden. Später sollten noch viele Mitglied- und Ehrenmitgliedschaften folgen. Seine größten Werke, *Die Schöpfung* (1798) und *Die Jahreszeiten* (1801), komponierte er unter Aufbietung der letzten

Kräfte erst im Alter. Und prompt bezahlte er mit gesundheitlichen Beschwerden dafür: »Ich habe mich dabei übernommen.«

In seinen letzten Jahren wurde es ruhig um Haydn. Er war altersschwach, und wenn er keinen Besuch empfangen konnte, schickte er eine entschuldigende Visitenkarte mit dem Text: »Hin ist alle meine Kraft, alt und schwach bin ich.« Was Wunder, er konnte auf über sechshundert Werke blicken. Haydn gilt gemeinhin als der Vater der klassischen Symphonie und der Streichquartette – seine Verehrer gaben ihm den Kosenamen »Papa Haydn« und begrüßten ihn mit Handkuß.

Mit siebenundsiebzig schließlich ging ein Leben zu Ende, das äußerlich alles andere als spektakulär war und gänzlich ohne Skandale ablief. Erst nach seinem Tod ereignete sich eine unappetitliche Sensation: Haydns Schädel wurde wenige Tage nach dem Begräbnis unter mysteriösen Umständen aus dem Grab gestohlen.

James Joyce

1882 – 1941

Schnorrend in die Unsterblichkeit

Ulysses (1922), der anfangs wegen angeblicher Obszönität nur unterm Ladentisch verkauft werden konnte, ist einer *der* klassischen Romane der Moderne. Und *Finnegans Wake* (1939) gilt vielen als komplexestes Werk der Weltliteratur. James Joyce, der Schöpfer dieser literarischen Glanzstücke, war ein Egomane, der in jeder Hinsicht auf Kosten seiner Umwelt lebte. Allein von Gönnern schnorrte er im Laufe seines Lebens etwa anderthalb Millionen Mark.

Auch seine Familie und die eigene Gesundheit hatten heftig zu leiden. Seine Lebensgefährtin Nora heiratete James erst nach siebenundzwanzig Jahren Zusammenlebens, um ihr einen Anspruch auf die Bucherlöse zu sichern (mit der Kirche verband ihn eine Haßliebe). Mit Nora und seinen zwei Kindern lebte Joyce, der fünf Sprachen beherrschte, in mehr als neunzig Wohnungen und

Hotels in sechs Städten und fünf Ländern Europas. Von diesen Stationen aus ging er daran, seine irische Heimat geistig zu befreien – ein nicht gerade bescheidener Anspruch. Aber auch wenn das Vorhaben recht ambitioniert war – das Sendungsbewußtsein befreite jedenfalls Joyces schöpferische Kraft.

Das Nomadentum der Eltern mag ein Grund gewesen sein, daß sich Sohn Giorgio, den Joyce gerne als großen Bariton beklatscht hätte, gradlinig zum Alkoholiker entwickelte (darin durchaus in die Fußstapfen des Vaters tretend – ein irisches Schicksal). Und Tochter Lucia, die Ballerina hätte werden sollen, wurde statt dessen psychisch krank und verbrachte den Großteil ihres Lebens in einer Anstalt (da konnte auch Samuel Beckett nicht helfen, in den sie unglücklich verliebt war).

Geld war ein Dauerproblem. Wenn überhaupt welches zur Verfügung stand, dann wurde es sogleich reichlich ausgegeben: »Man sagt, sie hätten kein Geld, aber man findet die ganze keltische Crew jeden Abend bei Michaud's, das wir uns nur einmal in der Woche leisten können«, so Ernest Hemingway damals mit einem Anflug von Neid. Auch die Kleidung mußte dem entsprechen, was angesagt und teuer war – darauf legten James und Nora großen Wert, denn auch geistiger Adel verpflichtet.

James verfolgte Nora stets mit krankhafter Eifersucht, und zwar nicht ohne Grund. Einmal betrog sie ihn mit seinem Freund Cosgrave. Der sensible Schriftsteller erlitt daraufhin einen Nervenzusammenbruch. Nora forderte seine Sexualität aufs äußerste heraus, was häufig zu einer exzessiven Bindungsmanie führt. Aber auch Nora süchtelte eifrig und revanchierte sich auf ihre Art. Briefe von weiblichen Adressaten, deren Inhalt ihr Mißtrauen erweckte, zerriß sie kurzerhand in Stücke – sie kümmerte sich um Joyces Post. So kam es vor, daß Joyce die Schnipsel aus dem Papierkorb klauben mußte, um sie dann mühsam wieder zusammenzukleben.

Die Sexualität trieb beide – zumindest in den ersten Jahren ihrer Beziehung – aufs heftigste um. Mit Vorliebe schrieben sie sich vulgäre Briefe und nutzten sie als Masturbationsvorlage. Jimmy, ganz Charmeur, titulierte Nora schmeichelhaft als »liebes braunärschiges Fickvögelchen«. Und Skatologie war für beide kein Fremdwort, sondern täglich geübte Lust an unflätiger Sprache.

Joyce war ständig durch ein starkes Augenleiden beeinträchtigt, wodurch sich seine angestammte Hypochondrie ins Uferlose auswuchs. Er mußte sich nahezu ein dutzendmal operieren lassen – seine Sehkraft nahm trotzdem ab. Dies war um so mißlicher, da er zu allem Überfluß ein extremer Pedant war, der wie besessen an der Perfektion seines Werkes arbeitete. Nichts war ihm wichtiger, als unsterblichen Ruhm im Himmel der Literatur zu erlangen. Daß die Kombination von halber Blindheit, Lese- und Schreibbesessenheit, Alkoholismus, Erotomanie, Verschwendungssucht und Hypochondrie nicht harmonierte, liegt auf der Hand. Joyces anfängliche Befürchtung, als verkanntes Genie zu enden, bewahrheitete sich trotzdem nicht.

Franz Kafka

1883 – 1924

Dreimal verlobt – und entlobt

Wenn heutzutage Kritiker den neuesten Wurf eines Künstlers oder Literaten als »kafkaesk« bezeichnen, dann ist das in der Regel als Lob gemeint. Die Wortschöpfung bezieht sich natürlich auf Franz Kafka, dessen bedrückendes und sprachvirtuoses Werk, wie so oft, eng mit seinem Leben verwoben ist.

Äußerlich tat sich eigentlich nicht viel in Kafkas Leben – es war durchaus unspektakulär. In Prag, der Stadt seines Wirkens, besuchte der junge Franz ein Gymnasium mit fragwürdigen, aber damals üblichen Paukmethoden, die ihm den kalten Schweiß auf die Stirn trieben. Er studierte lustlos Jura, ohne sich durchringen zu können, zur Germanistik zu wechseln. Er promovierte, ohne es sich zugetraut zu haben. Und er arbeitete schließlich bis zu seiner krankheitsbedingten Pensionierung als Sekretär bei der »Arbeiter-Unfall-Versicherungs-Anstalt für das Königreich Böhmen in Prag« – eine Tätigkeit, die ihm schon bald zutiefst widerstrebte.

Seine Liebe – seine einzig wahre Liebe – galt der Literatur, der er sich mit grenzenloser Hingabe verschrieb. In Kafkas Adern floß sozusagen Tinte statt Blut. Nur das Werk ließ ihn an seinem »nichtgelebten Leben« festhalten und ihn eine Daseinsberechtigung spüren.

Sein »Manöver«-Leben sah so aus, daß er nach der Arbeit, die von acht bis zwei dauerte, erst mal mehrere Stunden schlief, um anschließend spazieren zu gehen und zu Abend zu essen. Ab elf wurde dann geschrieben, und zwar bis zwei, drei Uhr und länger. So wurden in der Stille der Nacht Werke geboren, die so illustre Kollegen wie Thomas Mann als »zum Lesenswertesten« gehörig betrachteten, »was die Weltliteratur hervorgebracht hat«.

Ab 1912 schloß Kafka keine wesentlichen neuen Freundschaften mehr und zog sich fast völlig von der Außenwelt zurück. Insgeheim sehnte er sich jedoch auch stets nach einem normalen Leben. Jedenfalls verlobte er sich zweimal mit Felice Bauer und hob die Verlobung zweimal wieder auf – das war weder für Felice noch für ihn angenehm. Später kam noch eine Verlobung mit Julie Wohryzek hinzu – auch diese wurde aufgelöst. Die Literatur war eine eifersüchtige Wächterin und duldete keine Nebenbuhlerin. Kafka war besessen von der Angst, daß ihn eine feste Bindung unfähig zum Schreiben mache.

Im Gegensatz zu anderen Größen der Weltliteratur war er zeitlebens unauffällig, zurückhaltend, ohne besonderes Selbstvertrauen und bescheiden. Seinem langjährigen Freund Max Brod schrieb er einmal, daß er »umherirre wie ein Kind in den Wäldern des Mannesalters«. Er haßte Lärm und das Treiben der Großstadt. Zu seinem despotischen Vater, der nicht das geringste Verständnis für des Sohnes literarische Arbeiten übrig hatte, stand Franz ebenfalls in einem spannungsreichen Verhältnis. Der nie überreichte *Brief an den Vater* legt Zeugnis davon ab. Trotzdem schaffte er es erst mit einunddreißig Jahren, aus der elterlichen Wohnung auszuziehen.

Sein Leben ist nicht zuletzt eine andauernde Krankheitsgeschichte.

Über Jahre hinweg ging er in Sanatorien ein und aus. Im Jahr 1917 diagnostizierte man eine Lungentuberkulose, an der er sieben Jahre später einundvierzigjährig starb. Seinem Freund Max Brod hatte er das Versprechen abgerungen, den Nachlaß (unter anderem die Romanfragmente *Amerika, Der Prozeß* und *Das Schloß*) zu verbrennen. Brod hat sich nicht daran gehalten, ein Treuebruch zwar, aber fraglos eine der glänzendsten Untaten der Kulturgeschichte.

Die von Brod herausgegebenen nachgelassenen Romane begründen Kafkas Ruhm. Mit ihnen verbindet man Horrorwelten der Ohnmacht des einzelnen gegenüber einer bedrohlichen, undurchschaubaren und überwältigenden Maschinerie, das Ausgeliefertsein an eine unmenschliche Bürokratie. Keine zehn Jahre nach seinem Tod wurden Kafkas düstere Phantasmen zu einer Wirklichkeit, die der jüdische Schriftsteller vermutlich nicht in seinen schwärzesten Alpträumen für möglich gehalten hätte. Seine drei Schwestern wurden von den Schergen dieser Maschinerie im Konzentrationslager ermordet.

Immanuel Kant

1724 – 1804

Wandelnde Pünktlichkeit

Königsberg war schon zu Zeiten Kants ein schöner Ort. Die Stadt muß auf den bedeutendsten deutschen Philosophen jedoch eine ganz besondere Anziehungskraft ausgeübt haben, denn er entfernte sich sein Leben lang nie weiter von ihr als in die nähere Umgebung. Wozu auch, mag man sich fragen, wenn man die Welt mit sich im Kopf herumträgt. In einem Kopf übrigens, dessen Gehirn zwei- bis dreihundert Kubikzentimeter größer war als der europäische Durchschnitt.

Am restlichen Körper hatte der liebe Gott hingegen geknausert, denn Kant war nur 1,57 m groß und im Schulterbereich verwachsen. Wenngleich es heißt, er sei bis in die letzten Monate seines Lebens nie ernstlich erkrankt, war der Philosoph doch von schwächlicher Konstitution und ständig besorgt, ein Leiden davonzutragen – er starb jedoch erst mit achtzig Jahren an einem durch Altersschwäche bedingten Kollaps.

Ganz seinem logischen Verstand und seiner ungeheuren Pedanterie angemessen, entwickelte er einen peinlich befolgten Tagesablauf, der ganz auf das Wohl seiner Gesundheit ausgerichtet war: Wecken um fünf Uhr, zwei Tassen Tee (er liebte zwar Kaffee, gönnte ihn sich aber nicht wegen dessen vermuteter Schädlichkeit), eine Pfeife Tabak, erstes Arbeiten; Vorlesungen von sieben bis neun; bis ein Uhr eigenes Arbeiten, anschließend ausgedehntes Mittagessen meist mit Gästen; Spaziergang um halb vier, weiteres Arbeiten; um Punkt zehn ab ins Bett (und keine Widerrede – Kant soll angeblich nie später zu Bett gegangen sein). Ungeschriebenes Gesetz war es für seinen Diener Lampe, seinen wunderlichen Herrn jeden Abend in der gleichen Reihenfolge zu entkleiden. Um eine Erkältung zu vermeiden, wurde dann noch schnell die Nachtmütze aufgesetzt – im Winter sogar zwei davon –, und dann wickelte sich Kant mit einer eigens dafür ersonnenen Technik in die Laken.

Die Konsequenz, mit der Kant seinen Rhythmus beibehielt, ist beeindruckend. Heinrich Heine schreibt mit einem amüsierten Unterton, daß die Nachbarn ihre Uhren unbeirrt auf halb vier stellen konnten, wenn Kant sich aufmachte, um achtmal die kleine Lindenallee (zukünftig bekannt als Philosophengang) auf und ab zu marschieren. Dies tat er zu jeder Jahreszeit, und wenn sich Regen andeutete, trottete Diener Lampe für alle Fälle mit einem Schirm hinterher.

Kant spazierte – von Lampe abgesehen – immer allein, um sich nicht einer anderen Schrittgeschwindigkeit anpassen zu müssen und sich dabei womöglich zu echauffieren. Zu einer Unterhaltung wäre es sowieso nicht gekommen, denn er hielt konsequent seinen Mund geschlossen und atmete durch die Nase, um »rheumatischen Affektionen« zu entgehen. Freundliches Grüßen der Nachbarn blieb so leider unbeantwortet. Nur ein Mal soll der Spaziergang ausgefallen sein, und zwar, damit Kant Rousseaus *Emile* zu Ende lesen konnte, was einen verborgenen und sympathischen Hang des ansonsten durch und durch rationalen Philosophen zur Romantik offenbart.

Kant hat nie geheiratet, wenngleich er zweimal ernsthaft mit dem Gedanken spielte. Bevor er jedoch alle Gründe und Gegengründe zu Ende erwogen hatte, war die eine Dame schon mit jemand anderem liiert und die andere aus Königsberg weggezogen. Wahrscheinlich hat Kant nie eine Frau berührt und sexuell durchweg enthaltsam gelebt, sieht man davon ab, daß er jeden Morgen vor dem Aufstehen onaniert haben soll, um – so ein Kommentator – »den Kopf frei zu haben«.

Mit seiner *Kritik der reinen Vernunft* (1781) führte das Genie die »kopernikanische Wende« in der Philosophie herbei, die kein nachfolgender Philosoph ignorieren konnte: die systematische Begründung der Gesetze des Denkens ohne religiöse Vorannahmen. (Später folgten die *Kritik der praktischen Vernunft*, 1788, und die *Kritik der Urteilskraft*, 1790.) Er hatte nicht nur eine Professur für Logik und Metaphysik inne (seit 1770), sondern hielt über einen Zeitraum von mehr als vierzig Jahren auch sehr beliebte Vorlesungen über allerlei andere Themen, wie mathematische Physik, Anthropologie, Theologie, Moral und Naturrecht.

Beliebt bei seinen Studenten waren insbesondere seine Lesungen zur physischen Geographie, was angesichts der Tatsache erstaunlich ist, daß Kant die große weite Welt nie mit eigenen Augen gesehen hat. Trotzdem gilt er als der erste akademische Lehrer dieses Fachs. Und nicht zuletzt beschäftigte sich der große Denker mit der Kosmologie und ließ sich auf die Voraussage ein, daß irgendwann alle Planeten bewohnt sein würden. Seiner Meinung nach würden die intelligentesten Wesen am entferntesten von der Sonne gedeihen. Ein Beweis der Richtigkeit dieser These steht auch nach knapp zweihundert Jahren noch aus. So ist es wohl am vernünftigsten, die zeitliche Unbestimmtheit in der Aussage zu berücksichtigen und eine Bewertung künftigen Generationen zu überlassen.

Zarin Katharina II. die Große

1729 – 1796

Süchtig nach Liebhabern

Sophie Auguste Friederike von Anhalt-Zerbst, die spätere Zarin Katharina die Große, war eine frühreife und unansehnliche deutsche Prinzessin eines unbedeutenden Fürstentums, als sie sich mit ihrer Mutter nach Rußland aufmachte, um mit dem kuriosen Großfürsten Peter vermählt zu werden. Sie liebte Peter nicht, aber sie konnte froh sein, unter eine zukunftsträchtige Haube gehuscht zu sein, denn ihr Gemahl sollte der künftige Zar Peter III. werden.

Viel zu lachen hatte die frischgebackene Großfürstin vorerst jedoch nicht. Zarin Elisabeth, Tochter Peters des Großen, führte ein strenges Regiment am extravaganten Petersburger Hof, und Peter, infantil und ein wüster Trunkenbold, soff und spielte lieber mit seinen holsteinischen Soldaten. An Katharina hatte er körperlich kein Interesse, was sich auf die Sicherung der Thronfolge fatal auszuwirken drohte. Ein Sohn mußte her, sonst waren Katharinas Tage am Hof gezählt. So begann die Geschichte mit ihren Leibfavoriten: einer beachtlichen Zahl an Liebhabern (allein fünfzehn nach iher Thronbesteigung), die Katharinas Privatleben versüßten und großzügig mit Vermögen und hohen Ämtern versehen beizeiten wieder aus ihrer Intimsphäre entlassen wurden.

Nach zwei Fehlgeburten wurde der künftige Paul I. geboren. Elisabeth nahm ihn sofort zu sich, und die arme Mutter bekam ihn erst nach sechs Wochen zu Gesicht. Später brachte sie noch eine Tochter zur Welt, die früh starb, und einen weiteren Sohn. Alle drei Kinder waren von verschiedenen Liebhabern gezeugt worden. Bis ins hohe Alter gönnte sich Katharina diesen lustvollen Luxus - nicht zuletzt als Erholung vom schwierigen Regierungsalltag. Von ihren zahlreichen, meist betont knackigen Liebhabern spielte jener Potemkin die einflußreichste Rolle, der heute durch seine Kunst bekannt ist, die Fassaden einer blühenden Dorfkultur zu bauen und sie als bäuerliche Wirklichkeit erscheinen zu lassen. Es spricht einiges dafür, daß die beiden sogar heimlich geheiratet haben.

Peter III. war da schon lange unter der Erde. Katharina hatte ihn zu einem günstigen Zeitpunkt absetzen lassen - für das riesige Land sicherlich nicht die schlechteste Maßnahme, denn der Zar war reichlich gestört. Ob man ihn deswegen auch gleich umbringen mußte, sei dahingestellt. Katharina hat es jedenfalls gebilligt, wenn nicht sogar angeordnet. Offiziell starb ihr Gatte an einem »hämorrhoidalen Anfall«. Seine Gemahlin hielt es nicht für nötig, an seiner Beisetzung teilzunehmen.

Nach einer vierstündigen Zeremonie im verhaßten Moskau wurde sie im Jahre 1762 zur Zarin Katharina II. gekrönt und begann sofort, das riesige Vielvölkerreich, das zu jener Zeit in jeder Hinsicht zurückgeblieben war, mit starker Tatkraft zu reformieren (ihr Wappen zierten eine Biene und das Motto »Das Nützliche»). Und in der Tat erstarkten Rußlands politische Macht und kulturelles Ansehen während ihrer Regentschaft gewaltig. Das ging nicht ohne schwere Konflikte ab: Immer wieder wurden Umsturz- und Attentatspläne aufgedeckt. Die Verschwörer ließ die panikanfällige und ständig um ihre Macht besorgte Katharina erst foltern und dann nach Sibirien schicken.

Katharina wurde ihr Leben lang von allen möglichen Krankheiten heimgesucht. Schon als Kind hatte sie Rückenprobleme, die auf den heimlich bei einem Henker eingeholten Rat hin mit einem Spezialkorsett behoben wurden. Eine ihrer unorthodoxen Methoden, gesund zu bleiben, bestand darin, in langer Unterwäsche und Schals eingehüllt mit ihren Dienerinnen in eiskaltes Wasser zu springen und anschließend vor einem glühendheißen Ofen heftig zu schwitzen. Ob sich dies auch auf ihre Zähne positiv ausgewirkt hat, ist nicht ganz klar. In mittleren Jahren jedenfalls konnte Katharina beruhigt feststellen, daß diese noch alle vorhanden waren, während andere Hofdamen vergleichbaren Alters schon unübersehbare Lücken aufwiesen.

Die Zarin war sehr belesen. Voltaire, mit dem sie eine langjährige briefliche Korrespondenz pflegte, war ihr Lieblingsschriftsteller, und auch Diderot gehörte zu ihrem Freundeskreis. Dahinter steckte nicht zuletzt wohldurchdachte Absicht: Die Aufklärer sollten den Ruf Rußlands in Europa ein wenig aufpolieren. Sie selbst arbeitete unter anderem an einem umfangreichen Werk über vergleichende Sprachwissenschaft. Während Rußlands Krieg gegen Schweden schrieb Katharina ein Libretto für eine komische Oper über den Feind: »Jammerrecke Vorbeizielersohn« wurde 1789 unter viel Gelächter am Hof aufgeführt. Auch machte sie sich einen Spaß daraus, musikalische Parodien aufzuführen und Tierstimmenimitationen zum besten zu geben. Ab und an mischte sie sich außerdem anonym unter die Gesellschaft von Maskenbällen, um die Stimmung bei Hofe auszuhorchen (Casanova berichtet darüber).

Mit Mitte Sechzig ereilte die Zarin schließlich der Tod. Sogleich kursierten böswillige Gerüchte über einen grotesken Liebesunfall, dessen Details nicht der Komik entbehren, aber selbst nachgeschlagen werden müssen.

John Fitzgerald Kennedy

1917 – 1963

Unverbesserlicher Playboy

John F. Kennedy hätte vermutlich nur ein mitleidiges Lächeln für die sexuellen Eskapaden Bill Clintons übrig. Zu seiner Amtszeit war es noch unüblich, daß sich die Medien für die Amouren der Präsidenten mehr interessierten als für ihre Politik. Der Sonnyboy aus Massachusetts war ein Frauenheld ohnegleichen und nutzte jede Gelegenheit zu einem Schäferstündchen (er nannte es »girling«) – auch nach seiner Heirat mit Jacqueline und seiner Wahl zum 35. Präsidenten der Vereinigten Staaten (1961). Schon mit dreiundzwanzig hatte er sich eine chronische Geschlechtskrankheit zugezogen. Das tat jedoch seinem Triebleben keinen Abbruch. Seiner Frau Jackie gegenüber legte er nicht nur hinsichtlich der ehelichen Pflichten eine erstaunliche Gleichgültigkeit an den Tag. So ließ er sie kurz nach ihrer Verlobung stehen, um mit Freunden in Urlaub zu fahren; er kam während eines anderen Urlaubs erst nach mehrmaliger Aufforderung zurück nach Amerika, obwohl Jackie eine Fehlgeburt erlitten hatte; und er verführte ihre Schwester, während Jackie sich im Krankenhaus von der Geburt der gemeinsamen Tochter erholte.

Marilyn Monroe gehörte zu seinen Gespielinnen ebenso wie eine Frau namens Judith Campbell. Diese Affäre war besonders pikant, denn die Dame unterhielt gleichzeitig eine Beziehung zu Sam Giancana, dem damaligen Oberboss der Chicagoer Mafia. Eine weitere Verbindung Giancanas bestand zu Vater Joe, der es durch die Duldung der Chicagoer Mafia mit Alkoholschmuggel während der Prohibitionszeit zu Reichtum gebracht hatte. Die Jungs retteten ihm sogar handfest das Leben, als ihn eine konkurrierende Mafiagruppierung aus dem Weg räumen wollte. Auch Frank Sinatra gehörte diesem edlen Freundschaftsbund an – damals war auch schon einiges los im Weißen Haus.

Kennedys Familienclan in Boston konnte gewaltige Mittel aufbieten, um die politische Karriere des im Krieg ausgezeichneten Senkrechtstarters zu fördern. Sein wichtigstes Kapital war aber die Ausstrahlung seines jungenhaften Charmes und eine einzigartige Telegenität – er gewann nach allen Untersuchungen die Präsidentschaftswahlen gegen Favorit Nixon durch seine Fernsehauftritte. Als junger Kongreßabgeordneter riß er sich noch kein Bein aus und rangierte ganz unten auf der Anwesenheitsliste. Als Senator vergaß er nie, sich regelmäßig in Palm Beach zu sonnen, um sich seinen Teint zu erhalten – dessen Frische verschaffte ihm eine vorteilhafte Aura von Vitalität.

Dabei hatte JFK jede Menge gesundheitlicher Probleme. Er war Allergiker und laborierte an einer angeborenen Mißbildung der Wirbelsäule. Um seine ständigen Schmerzen zu lindern, trug er ein Rückenkorsett (von dem kaum jemand wußte) und ging abseits der Öffentlichkeit oft an Krücken. Als die Schmerzen nicht mehr auszuhalten waren, entschied er sich für eine Operation, bei der die Überlebenschance fünfzig zu fünfzig stand. Es verlief dramatisch: Kennedy fiel in ein Koma, bekam das Sterbesakrament verabreicht – und rappelte sich wieder auf (unter anderen besuchte ihn Grace Kelly, verkleidet als Krankenschwester).

Außerdem litt Kennedy an der Addison-Krankheit (Nebennierenrinden-Insuffizienz), derentwegen er sich regelmäßig Kortison spritzen mußte. Hinzu kam der Verbrauch von Unmengen Antibiotika zur Bekämpfung seiner Geschlechtskrankheit – Kennedy war immer mit einer beträchtlichen Hausapotheke unterwegs.

All das, sein ständiges Leiden an Krankheiten, sein unstillbarer Hunger nach Sex, sein politischer Werdegang und sein selbstironischer Galgenhumor sprechen für eine enorme Vitalität. Allerdings heißt es auch, daß er sich während seiner Amtszeit von einem Dr. Jacobson mit Amphetamin-Spritzen aushelfen ließ, wenn er niedergeschlagen war oder unter Schmerzen litt. Der Arzt hatte den Spitznamen »Dr. Feelgood«.

Mary Meyer, eine der zahlreichen Geliebten Kennedys, brüstete sich damit, mehrmals mit dem Präsidenten im Schlafzimmer des Weißen Hauses Marihuana geraucht zu haben. Auch in dieser Hinsicht scheint Kennedy im Vergleich zu Clinton entspannter gewesen zu sein, denn letzterer hat ja nach eigener Aussage nur ein einziges Mal an einem Joint gezogen – ohne dabei zu inhalieren.

John Lennon

1940 – 1980

Immer auf dem Egotrip

»Love Me Do« war die erste Beatles-Single, die es 1962 in die Hitparade schaffte. Und die Beatles wurden in wenigen Jahren die populärsten Götter des Pop-Olymps. Treibende Kraft der Band war John Lennon, von dem Leonard Bernstein später sagte, seine Musik »wird bestimmt so lange bestehen wie die Werke von Brahms, Beethoven und Bach«.

»Love Me Do« ist als Text bezeichnend, denn Lennon hatte von klein auf panische Angst vor Liebesentzug. Seine Mutter Julia gab ihn in die Obhut ihrer Schwester Mimi, um ihm eine bessere Erziehung zu ermöglichen. Unter der Trennung litt der hochsensible John heftig, auch wenn er tapfer versuchte, es herunterzuschlucken. Seinen Vater bekam er auch praktisch nicht zu Gesicht, denn dieser trennte sich bald von Julia und ward nur noch selten gesehen.

John legte sich aus Enttäuschung eine harte Rebellenpose zu (»Ich war derjenige, von dem die Eltern all der anderen Jungen sagten: ›Bleib bloß weg von dem‹.«). Er rasselte glatt durch alle Fächer der schulischen Abschlußprüfung, hatte aber wenigstens einen Direktor, der sein künstlerisches Talent erkannte und ihn erfolgreich an die Kunsthochschule vermittelte. Doch auch dort fiel er durch alle Examen. John konnte mit Autoritäten und Institutionen nicht viel anfangen.

Als er siebzehn war, wurde seine Mutter von einem Auto überfahren – sie waren sich gerade wieder näher gekommen. Zynismus, Sarkasmus und Außenseitertum waren Johns Art, damit fertigzuwerden, und diese Charaktereigenschaften begleiteten ihn viele Jahre lang (»Ich war ein echtes Schwein«).

Auf dem richtigen Weg fühlte er sich erst, als er zur Musik fand und in seinen Mitbeatles eine gleichgesinnte Crew. In kurzer Zeit stürmten sie alle Hitparaden und lösten eine Massenhysterie nach der anderen aus. Nebenher wurde alles an Drogen ausprobiert, was zu haben war, nicht zuletzt Unmengen an LSD. »Ich muß tausend Trips gehabt haben«, gestand Lennon später, »ich habe es einfach die ganze Zeit gegessen.« Die Beatles wurden, wie Lennon meinte, »populärer als Jesus«, und die Queen verlieh den Pilzköpfen einen Orden (John schickte ihn ihr Jahre danach zurück). Lange Zeit war Lennon außerdem heroin- und methadonabhängig.

Gut hat ihm der ganze Rummel also nicht getan. Bald empfand Lennon den Kult und die ständige Unterwerfung unter Marketinginteressen als Demütigung, und das Ende der Gruppe war nur noch eine Frage der Zeit. Inzwischen hatte er Yoko Ono kennengelernt, die er als seine »Lehrerin« bezeichnete und die sicherlich auch ein Muttersatz für ihn war – jetzt konnte er sich ein Leben ohne die Beatles vorstellen. Brian Epstein, Manager der Beatles und väterlicher Freund Lennons, hatte sich da schon umgebracht, was Lennon sehr mitnahm. Vielleicht auch deswegen, weil er ihn oft mit Nichtbeachtung gestraft und wegen seiner Homosexualität verspottet hatte. Lennon konnte richtig eklig sein.

Nun war er mit Yoko zusammen, aber seit 1962 mit Cynthia verheiratet. Er ließ Cynthia von einem Freund beschatten, damit er sie auf Ehebruch verklagen und (nach englischem Recht) die Scheidung einreichen konnte. Als Yoko schwanger wurde, ließ er jedoch davon ab, und Cynthia verklagte statt dessen ihn (sie wurde mit 100.000 Dollar abgespeist). An seinem Sohn wiederholte Lennon dasselbe, was sein Vater ihm zugefügt hatte: Er vernachlässigte ihn ebenso wie seine Frau und hatte quälende Schuldgefühle deswegen.

John und Yoko ließen sich schließlich als Ehepaar in New York City nieder, was sich nicht ganz leicht gestaltete, denn auf Grund seiner rebellischen politischen Äußerungen - Lennon nahm bei jeder Gelegenheit gegen den Krieg in Vietnam Stellung - wurden sie auf lästigste Weise vom FBI beschattet. In seinen Songs arbeitete er seine Kindheitsängste auf und kultivierte die öffentliche seelische wie körperliche Selbstentblößung. Zwar hatte er es zu dem exzentrischen Millionär gebracht, der er schon seit Kindestagen hatte sein wollen. Aber er bezahlte dafür mit schwersten Depressionen, ständigen Selbstzweifeln und Grobheitsausfällen. Dazu kam seine krankhafte Eifersucht (anfangs folgte er Yoko bis auf die Toilette). In irgendeiner Form und mit wechselndem Erfolg war Lennon immer mit dem Versuch beschäftigt, sich selbst zu therapieren.

Am Schluß wurde es ruhiger um den genialischen Musiker. Er machte auf Hausmann, zog seinen zweiten Sohn groß und schrieb Tagebuch. Mittelpunkt seines Lebens bildete sein Schlafzimmer, in dem ein Bett, eine Anlage und ein Fernseher standen, der unaufhörlich ohne Ton lief. Nach Jahren künstlerischen Pausierens hatte er eine Platte aufgenommen, und das Leben schien alles in allem in geordneten Bahnen zu verlaufen.

Drei Monate vor seinem Tod sagte Lennon in einem Interview: »Den größten Preis bekommst du, wenn du stirbst - einen richtig großen Preis, wenn du öffentlich stirbst.« Als er dann tatsächlich von einem Irren mit fünf Schüssen niedergestreckt wurde, weinten Millionen um ihn und stilisierten ihn zum Heiligen - tatsächlich kein schlechter Preis.

Leonardo da Vinci

1452 – 1519

Schönster unter den Schönen

Leonardo steht auch fast fünf Jahrhunderte nach seinem Tod noch für das Universalgenie schlechthin. Der schwärmerische Vasari beschreibt den unehelichen Sohn eines angesehenen Notars und eines Bauernmädchens in seinen *Lebensgeschichten* wie folgt: »Sein Körper war mit nie genugsam gepriesener Schönheit geschmückt, er zeigte in allen seinen Handlungen die größte Anmut und besaß ein so vollkommenes Kunstvermögen, daß, wohin sein Geist sich wandte, er das Schwierigste mit Leichtigkeit löste.«

Der Narziß muß der Traum aller Frauen gewesen sein – aber die Damen zogen den kürzeren, denn Leonardo war von gleichgeschlechtlicher Neigung. 1476 wurde er sogar wegen Sodomie angeklagt, wenn auch freigesprochen. Sein Diener Salai und seine Assistenten waren allesamt schön und androgyn und, darauf legte der geltungsbedürftige und ungemein mißtrauische Meister Wert, eher mittelmäßig begabt, womit sowohl die Gefahr der Konkurrenz als auch die des Ideenklaus minimiert wurden.

Leonardo war Linkshänder und schrieb seine Forschungsnotizen fast ausschließlich in Spiegelschrift von rechts nach links. Diese Schreibweise gewöhnte er sich weniger aus Langeweile an, sondern vielmehr um Plagiatsversuchen entgegenzuwirken – mitunter benutzte er zusätzlich Geheimkürzel. Seine Befürchtungen waren nicht grundlos: Wie heute trieben auch damals die Ideenräuber ihr Unwesen. Und Leonardo betrat in vielen Bereichen seiner Forschung absolutes Neuland, denn die exakten Wissenschaften steckten noch in den Kinderschuhen. Der geniale Forscher hatte eine ganze Menge zu verbergen. Anatomiestudien durch das Sezieren von Leichen etwa, wie er sie betrieb, galten schlichtweg als Frevel, wenngleich die Resultate von unzweifelhaftem Interesse waren.

Leonardo war nicht nur ein hervorragender Naturwissenschaftler und ein genialer Maler und Bildhauer, sondern auch ein brillanter Techniker und Mathematiker. Seiner Auffassungsgabe und seinem Wissenstrieb waren kaum Grenzen gesetzt. Ob er die *Mona Lisa* malte, eine himmlisch klingende Laute konstruierte oder Kriegsgerät für Cesare Borgia entwarf – alles gelang ihm in Perfektion. Den Krieg, das Blutvergießen, Gewalt allgemein verdammte Leonardo übrigens, was ihn jedoch nicht hinderte, grausame und effektive Angriffswaffen zu konstruieren. Ebensowenig paßt es zu seiner Milde, daß er auf Galeeren mitfuhr, um die schmerzverzerrten Gesichtszüge der malträtierten Sträflinge zu zeichnen. Rührend hingegen wirkt wiederum seine Gewohnheit, Vögel aufzukaufen und sie dann aus ihren Käfigen freizulassen. Genialität schließt paradoxes Verhalten offenbar nicht aus.

Leonardo war meist unfähig, seine Werke zu vollenden. Er war kein entscheidungsfreudiger Mensch und hatte wohl einen gewissen Hang zur Selbstquälerei. Ob er aus diesem Grund seine Werke nicht signierte, ist heute kaum mehr zu beantworten. Vielleicht glaubte er aber auch einfach daran, daß sie den Urheber durch ihre Einzigartigkeit offenbaren.

Rosa Luxemburg

1870 – 1919

Kleine Gestalt mit Löwenherz

Kleinwüchsige leisten oft Außerordentliches. Napoleon, Kant und der heilige Albert der Große gehören zu den bekanntesten Beispielen. Auch die sozialistische Politikerin Rosa Luxemburg war klein, sie hatte eine lange Nase auf einem großen Kopf, und sie litt an einer doppelseitigen Hüftgelenkverrenkung, die sich augenfällig auf ihren Gang auswirkte.

Zum Ausgleich war sie mit schönen, leuchtenden Augen, einer hellen Stimme und einer messerscharfen Intelligenz gesegnet. Letztere offenbarte sich, neben ersten Anzeichen eines hartnäckigen Widerspruchsgeists, schon zu Schulzeiten. Ihren Abschluß machte Rosa mit vierzehnmal »ausgezeichnet« und fünfmal »sehr gut« – mehr Fächer gab es nicht. Ihr Studium in Zürich (die gebürtige Polin war illegal in einem Strohwagen aus ihrem Heimatland ausgereist) schloß sie »magna cum laude« ab. Gewieft organisierte sie sich in der Schweiz eine Scheinehe, wodurch sie sich ungehindert in Deutschland aufhalten konnte. Ihre wahre und abgöttische Liebe galt jedoch viele Jahre dem

Revolutionär und Landsmann Leo Jogiches – bis sie seinen andauernden Seitensprüngen auf die Spur kam. Fast tausend Schriftstücke zeugen von dieser für Rosa wichtigsten Beziehung.

Als Agitatorin benutzte sie eine Vielzahl von Pseudonymen, unterstützte Geheimniskrämereien um ihre Person und reiste gerne mit falschen Pässen – das alles gab ihr einen Hauch von bewußter Verschwörerromantik. Weniger romantisch waren dagegen ihre zahllosen Gefängnisaufenthalte (unter anderem wegen Majestätsbeleidigung, Aufreizung zu Gewalttätigkeiten, versuchten Hoch- und Landesverrats). Rosa sagte immer unverblümt, was sie dachte, und eckte damit natürlich auch im eigenen Lager an. Die offiziellen Führer der Sozialdemokratie verabscheuten und fürchteten sie wegen ihrer gnadenlosen Kritik.

Unnachgiebige Härte zeigte Rosa auch gegen die eigene Person. Das fing bei ihrer Tagesgestaltung an (Aufstehen um sechs, zwei kalte Bäder im Laufe des Tages und arbeiten, »dass die Spähne fliegen«) und reichte bis zu einer geradezu militärischen Disziplin für die von ihr vertretene Sache. Auf die Frage hin, was sie empfunden habe, als ihr ein Todesurteil drohte, antwortete sie: »Ich schämte mich, weil ich fühlte, daß ich erbleichte.«

Auch mit ihren Freunden kannte sie kein Mitleid, wenn ihr etwas nicht paßte. Auf einen lamentierenden Brief ihrer Freundin Mathilde Wurm schrieb sie dieser zornig: »›Ihr‹ seid überhaupt eine andere zoologische Gattung als ich, und nie war mir euer griesgrämiges, sauertöpfisches, feiges und halbes Wesen so verhaßt wie jetzt. Was mich anbelangt, so bin ich in der letzten Zeit, wenn ich schon nie weich war, hart geworden wie geschliffener Stahl und werde nunmehr weder politisch noch im persönlichen Umgang die geringste Konzession machen.«

Den Brief schrieb sie während ihrer mehrjährigen »Sicherheitshaft«, einer für sie düsteren Zeit. Rosa versuchte stets in einer Mischung aus Humor und Zähigkeit, das beste aus jedem Tag und aus jedweder Situation zu machen (»Mensch sein heißt, sein ganzes Leben ›auf des Schicksals großer Wage‹ freudig hinwerfen, wenn's sein muß, sich zugleich aber an jedem hellen Tag und jeder schönen Wolke freuen«). Während ihrer Haft schrieb sie über tausenderlei Themen mit einer Stilsicherheit, die auch heute noch beeindruckt. Sie zeichnete (auch darin war sie talentiert), legte Botanisierungshefte an und pflanzte sogar einen Fliederstrauch im Gefängnisgarten. Mit nicht nachlassender Tapferkeit kämpfte sie gegen Anwandlungen von Depression und Nervosität, die sich in einem schweren Magenleiden niederschlugen.

Nachdem Rosa Luxemburg im November 1918 aus der Haft entlassen worden war, hatte sie nicht mehr lange zu leben. Zusammen mit Karl Liebknecht gründete sie die KPD mit und wurde in die revolutionären Kämpfe der Anfangsphase der jungen deutschen Republik verwickelt. Am 15. Januar 1919 wurde sie gefangengenommen und anschließend von Freikorpssoldaten feige mißhandelt, erschossen und in den Landwehrkanal geworfen.

»Ich bin«, hatte sie im Jahre 1917 an ihre Freundin Luise Kautsky geschrieben, »allzeit auf dem Posten und werde bei der nächsten Möglichkeit wieder dem Weltklavier mit allen zehn Fingern in die Tasten fallen, dass es dröhnt.« Wer sich mit der Biographie dieser unerschrockenen, scharfsinnigen und schlagfertigen Frau beschäftigt, kann auch heute noch den Nachhall hören.

Kaiserin Maria Theresia

1717 – 1780

Regentin der Betten ihrer Untertanen

Maria Theresia, Erzherzogin von Österreich, Königin von Ungarn und Böhmen und, durch ihre (Liebes-)Heirat mit Franz Stephan von Lothringen (1736), römisch-deutsche Kaiserin, gehört zu den bedeutendsten Herrscherinnen der Weltgeschichte.

Obgleich jeder militärischen Leidenschaft abhold, wurde sie früh in kriegerische Auseinandersetzungen hineingezogen. Schließlich fiel ihr Leben in das Zeitalter der »Kabinettskriege«. Die meisten Kopfschmerzen bereitete ihr Friedrich II. (»der Große«), König von Preußen, der mehrmals gegen sie zu Felde zog. Ihn haßte sie aus tiefster Seele, er war für sie nichts anderes als ein »Ungeheuer«, »Monstrum«, »Charlatan« und »Scheusal«. Friedrich, für den seinerseits Herrscherinnen pauschal nichts anderes als »Huren« waren, ließ sich erstaunlicherweise dazu herab, wenigstens Maria Theresia eine gewisse Achtung zu zollen: Er gestand ihr »Talente auf mehr als einem Gebiete« zu.

Nicht weniger als sechzehn Kinder brachte die Kaiserin zur Welt. Davon starben allerdings sechs, bevor sie das Erwachsenenalter erreicht hatten. So viele Kinder zur Welt zu bringen, großzuziehen und parallel dazu Kriege zu führen, würde man heutzutage als »full-time job« bezeichnen. Nicht so Maria Theresia: Sie verwandte darüber hinaus unerschöpfliche Energie darauf, eine umfassende Staatsreform durchzuführen. Neben vielen wohltätigen Wirkungen ihrer Politik litten ihre Untertanen jedoch auch an einer ausgeprägten Marotte der Übermutter. Sie wollte unbedingt die allgemeine Sittlichkeit heben.

Dazu wurde im Jahre 1747 die berüchtigte »Keuschheitskommission« von ihr ins Leben gerufen, deren Aufgabe es war, heimliche Liebschaften und frivolen Lebenswandel aufzuspüren und rigoros zu unterbinden. Strenger Arrest und Verbannung waren ungeachtet ihres Standes unter anderem die Folgen für die Delinquenten. Amtsträger wurden rücksichtslos entlassen, auch wenn sie noch so große Verdienste aufzuweisen hatten. Die Schnüffelei ging soweit, daß die Spürhunde Ihrer Majestät zuweilen auch Ehepaare in flagranti ertappten, und bald hallte ein schadenfrohes Lachen durch ganz Europa. Damit hatte die Macht der Kommission ihren Zenith überschritten, und schließlich wurde sie sang- und klanglos aufgelöst.

Eine weitere skurrile Verhaltensmaßregel betraf die Kosmetik. Nachdem »Franzl«, ihr vielgeliebter Gemahl, verstorben war, erließ Maria Theresia ein strenges Schminkverbot bei Hofe. Auf die bis dahin obligate Portion Rouge mußten die Damen also von nun an verzichten – man kann sich ausmalen, was das für sie in jener Zeit des höfischen Glanzes bedeutete. Im Glauben, sie habe eine Dame ertappt, die das Verbot nicht beherzigte, maßregelte Maria Theresia die Unglückliche sogleich aufs heftigste – indes waren die Wangen der vermeintlichen Sünderin lediglich von der Kälte der Jahreszeit gerötet. Ein Kommentar der Prinzessin

Auersperg, der vormaligen Mätresse Franzls, mag die allgemeine Befindlichkeit der weiblichen Untertanen wiedergeben: »Ist es möglich, daß man nicht mehr Herrin seiner Gesichtszüge sein kann? Und ich habe sie doch von Gott erhalten und keineswegs vom Staate!«

Auf sittenstrenge Erziehung wurde also großer Wert gelegt, sowohl bei den Kindern als auch den Untertanen. Mit ihrem Sohn Joseph II., erst Mitregent und später ihr Nachfolger auf dem Thron, lag sie nahezu ständig im pädagogischen Clinch. Ihre Tochter Marie Antoinette, Gemahlin des französischen Königs Ludwig XVI., überschüttete sie mit einer wahren Flut von erzieherischen Briefen zu allem und jedem, und von der Reglementierung der übrigen Kinder soll erst gar nicht die Rede sein.

Ihre große Passion war der Klatsch. Für Kultur hingegen hatte Maria Theresia verschwindend wenig übrig, noch weniger für Tabaksqualm – Aktenstücke, die ihre Aufmerksamkeit erforderten, ließ sie erst parfümieren, bevor sie sie in die Hände nahm. (Eine sehr feine Nase muß die Kaiserin gehabt haben: Sie arbeitete stets am offenen Fenster, egal, welche Temperaturen draußen herrschten.)

Trost vor der Schlechtigkeit der Welt fand Maria Theresia in religiöser Erbauung. Nur das Wöchnerinnenbett und Krankheit hielten sie vom täglichen, oft mehrfachen Kirchgang ab. Als der geliebte, aber notorisch untreue Franzl gestorben war, besuchte sie fast täglich seine Gruft. Schon während Franzls Begräbnis hatte sie nicht ohne eine gewisse Vorfreude kundgetan: »Hier wird einmal gut ruhen sein.«

Karl Marx

1818 – 1883

In finanzieller Dauermisere

»Wie gut wäre es doch gewesen, wenn Karl etwas Kapital zusammengebracht hätte, statt so viel darüber zu schreiben!« soll Ehefrau Jenny am Ende ihres entbehrungsreichen Lebens gesagt haben. Dabei lag das Problem nicht so sehr darin, daß der Gatte Karl wenig verdiente (was zutraf), sondern daß er viel besser ausgeben als einnehmen konnte. Er gibt ein schönes Beispiel ab zur Illustration des Unterschiedes zwischen Theorie und Praxis.

Schon während seines Studiums lebte er deutlich über seine Verhältnisse und mußte stets den Vater um Nachschüsse anbetteln. Dem Trierer Rechtsanwalt paßte dies gar nicht, und er machte seinem Sohn unmißverständliche Vorhaltungen – vergeblich. Nach dessen Tod wurde Sohn Karl weiterhin von seiner Mutter unterstützt, obwohl er sich mit der Familie überworfen hatte und ihr ständig Geiz vorwarf. Immerhin nahm er Abstand von seinem Vorhaben, Dichter zu werden. Den erhaltenen Versuchen nach zu urteilen ist dies kein Verlust für die Literatur.

Im Jahre 1843 heiratete Marx Jenny von Westphalen, mit der er sieben Jahre verlobt gewesen war. Die Tochter aus gutem Hause hatte also reichlich Zeit, sich über das Zusammenleben mit dem inzwischen zum Doktor der Philosophie Promovierten Gedanken zu machen. Sie fügte sich in ihr Schicksal und folgte ihm treu, wo immer er die Familie hindirigierte: Paris, Brüssel, Köln und schließlich London.

Obgleich gelegentlich murrend, fand Jenny sich mit den finanziellen Gegebenheiten ab, die in der Regel dramatisch schlecht waren. Revolutionär Marx dankte es ihr auf seine Art, indem er in London mit der langjährigen Haushälterin Helene Demuth ein Verhältnis anfing, dem ein Kind entsprang. Freund Engels gab es großmütig als das seine aus. Erst kurz vor seinem Tod und lange nach Karls Ableben rückte Engels mit der Wahrheit heraus. Der Kampfgenosse hatte für das Kind nie das geringste Interesse aufgebracht.

Es lebte sich nicht gut in London. Anfangs fristete die Familie Marx zu sechst in einer Zwei-Zimmer-Wohnung ihr klägliches Dasein, und der Gang zum Pfandhaus wurde zur Gewohnheit. Das änderte sich auch nicht zu Zeiten, als größere, teils beträchtliche Erbschaften gemacht wurden. Das Geld war innerhalb kürzester Zeit wieder ausgegeben, weil sogleich der Lebensstandard auf ein Niveau angehoben wurde, das nicht durchzuhalten war. Marx borgte aus allen Richtungen, es wurden Sammlungen für ihn durchgeführt, und vor allem unterstützte ihn Engels, der recht vermögend war, nach Kräften. Ab Anfang 1869 gewährte er seinem Freund schließlich eine Jahresrente von siebentausend Mark, nachdem er Teilhaber der väterlichen Fabrik geworden war – auch dieser Betrag reichte oft nicht aus.

Marx liebte scharfe Speisen und saure Pickles und laborierte gleichzeitig an einem Leber- und Gallenleiden, das sich nicht gut mit solchen Speisen verträgt. Chronische Schlaflosigkeit gehörte ebenfalls zum Leidensprogramm. Er trank gern übermäßig Weine und Liköre und rauchte wie ein Schlot billige Zigarren, von denen er nicht genug kriegen konnte. Und er arbeitete natürlich mit viel Eifer und dem Dünkel der Unfehlbarkeit an seinen Thesen zum historisch unvermeidlichen Sieg des Kommunismus.

Über *Das Kapital*, dessen erster Band noch zu seinen Lebzeiten im Jahre 1867 erschien, hatte er mehr als drei Jahrzehnte gebrütet – und nicht umsonst, wie dessen nachhaltige Wirkung erwies. Schon fünf Jahre vor Erscheinen des ersten Bandes ist er seinem Freund Engels gegenüber indes zur Erkenntnis gelangt: »Grau, teurer Freund, ist alle Theorie, und nur das business ist grün. Ich bin leider zu spät zu dieser Ansicht gekommen.«

Michelangelo

1475 – 1564

Versessen auf einen römischen Edelmann

»Merkur und Venus waren (seiner Geburt) günstig, und sie erfolgte bei freundlichen Aspekten unter der Herrschaft Jupiters, ein Zeichen, daß er einst durch Hand und Geist herrliche bewundernswürdige Werke vollführen werde«, schreibt Vasari in seinen *Lebensgeschichten* über Michelangelo Buonarroti. Der Bildhauer, Maler und Architekt, Antipode Leonardos, gilt als der Vollender der Renaissance, und man kann gefahrlos feststellen, daß die Konstellation der Planeten sich zumindest nicht hinderlich auf das künftige Wirken des Genies auswirkte.

Michelangelo selbst begründete seine Begabung humorvoller. Von seiner Amme habe er mit der Milch »Meißel und Hammer eingesogen«, denn sie stammte aus einer Steinmetzfamilie. Ursprünglich hatte er nach dem Willen des Vaters Recht studieren sollen. Als er jedoch öfter beim Malen als beim Lernen erwischt wurde und auch die gelegentliche Tracht Prügel ihn davon nicht abhalten konnte, schickte ihn sein Vater in die Lehre. Dort widerfuhr ihm ein charakterprägendes Mißgeschick: Ein Mitschüler schlug ihm aus Rache über seinen Spott ein Marmorstück auf die Nase, wodurch das Riechorgan für immer verunstaltet war. Dieser körperliche Mangel hat früh zu Michelangelos Menschenscheu und seiner selbstgewählten Einsamkeit beigetragen. Er war verschlossen und mißtrauisch, depressiv, melancholisch und reizbar, und er litt unter Verfolgungswahn.

Nichtsdestoweniger offenbarte sich früh seine Begabung, und so landete er bald in der Kunstschule der Medici in Florenz. Sein ungeheurer, fast krankhafter Tatendrang schreckte auch nicht vor ein wenig fragwürdigen Methoden zurück: Seiner meisterhaften frühen Skupltur »Schlafender Cupido« verpaßte er eine antike Patina, indem er sie für einige Zeit in der Erde vergrub. Ein Kenner des damaligen Kunstmarktes hatte ihm den Tip gegeben, er würde in Rom mehr für ein »antikes« Stück bekommen als in Florenz für ein zeitgenössisches – antike Plastiken standen gerade hoch im Kurs. Die »Fälschung« verkaufte er dreist an einen römischen Kardinal, der allerdings den Betrug entdeckte und sein Geld zurückverlangte. Schon damals schüttelten urteilsfähige Kunstliebhaber den Kopf angesichts der Ignoranz, das exzellent gearbeitete Stück nicht zu behalten.

Mit der Zeit lernte Michelangelo, den eigenen Wert einzuschätzen. Er war temperamentvoll und oft unnachgiebig. Selbst Päpste bekamen seine Entschlossenheit zu spüren, wenn er sich ungerecht behandelt fühlte. Im Jahre 1534 siedelte Michelangelo trotz gelegentlicher Zwistigkeiten endgültig nach Rom über und wurde unter Paul III. oberster »Künstlerherr«.

Michelangelo war unermüdlich und schuftete oft bis zur Raserei. Er nahm nie viel zu sich (anfangs nur Wein und Brot), schlief wenig und arbeitete oft spät nachts mit einem eigens konstruierten Hut, auf dem ein Licht befestigt war. Die Sixtinische Kapelle malte er eigenhändig aus, wofür er mit gelegentlichen Unterbrechungen drei Jahre brauchte. Monate später litten seine Augen noch unter der Anstrengung. Und seiner Mosesskulptur soll der Perfektionist sachte mit einem Hammer aufs Knie geschlagen und sie zufrieden gefragt haben, warum sie nicht spreche.

In späteren Jahren zeichnete er sich auch in der Poesie aus - seine angebeteten Vorbilder waren Dante und Petrarca. Er verfaßte über dreihundert Sonette und Madigrale, von denen viele zur Weltliteratur gezählt werden können, obgleich sie nie zur Veröffentlichung bestimmt waren. Adressat zahlreicher Gedichte war (neben der Marchesa Vittoria Colonna) ein junger römischer Edelmann namens Tommaso de' Cavalieri, der es Michelangelo über die Maßen angetan hatte, denn der Künstler war homosexuell. Tommaso soll der einzige gewesen sein, dessen Porträt Michelangelo anfertigte, da es ihm, laut Vasari, »ein Greuel war, etwas nach dem Leben zu machen, wenn es nicht von höchster Schönheit war«. Seine Liebe blieb jedoch schmerzvoll platonisch. Verständlicherweise heiratete er auch nie - seine Frau sei die Kunst, und seine Kinder seine Werke.

Michelangelo erreichte ein für seine Zeit biblisches Alter. Noch mit über achtzig schuf der Rastlose geniale Architekturentwürfe (und schlurfte mit Hundefellstiefeln umher, die er monatelang nicht auszog, um dann festzustellen, daß seine Füße begonnen hatten, sich darin aufzulösen). Er starb schließlich an Überarbeitung und Altersschwäche. Vor seinem Tod soll der Meister zum Leidwesen der Nachwelt vieles verbrannt haben, das nicht seiner Vorstellung von Vollkommenheit entsprach. Tommasos Porträt gehörte nicht dazu.

Paula Modersohn-Becker

1876 – 1907

Der Wille zur Selbstbehauptung

»Denn ich werde noch etwas. Wie groß oder wie klein, das kann ich selbst nicht sagen, aber es wird etwas in sich Geschlossenes«, schrieb Paula Modersohn-Becker im Frühjahr 1906 an ihre Mutter, knapp zwei Jahre vor ihrem frühen Tod. Sie sollte recht behalten, denn heute wird die Malerin als *die* Repräsentantin des deutschen Frühexpressionismus in einer von Männern dominierten Kunstwelt gehandelt.

Wenngleich ihr kurzes Leben wenig spektakulär verlief, ist doch die Zielstrebigkeit beachtlich, mit der sie ihren privaten wie künstlerischen Weg verfolgte. Egozentrik wurde ihr häufig vorgeworfen. Sie ließ sich davon nicht beirren, denn sie glaubte an ihre Bestimmung: »Ich arbeite mit einer Leidenschaft, die alles andere ausschließt.« Ein frühes Kindheitserlebnis mag diese Anlage befördert haben: Im Alter von zehn Jahren wurde Paula beim Spielen zusammen mit zwei Cousinen in einer Sandgrube verschüttet. Eine der beiden Cousinen erstickte dabei. Der »erste Schimmer von Bewußtsein« fiel in Paulas Leben, so bekannte sie später dem gleichaltrigen Freund Rilke.

Es dauerte, bis ihre künstlerische Begabung zum Vorschein kam. Und auch später fand ihr malerisches Schaffen eher verhaltenen als begeisterten Zuspruch. Mit unerbittlicher Selbstkritik arbeitete sie hart an sich, denn sie verkannte nicht, daß es ein mühsamer Weg bis zu ihrer künstlerischen Vollendung sein würde. Aber in allen Mühen verlor sie nie den Glauben an sich selbst, die Gewißheit, daß sie Bedeutendes leisten, daß ihr ein Platz neben den Großen gehören werde. Daraus schöpfte sie die notwendige Willenskraft. Sie empfand es regelrecht als demütigend, noch nicht so weit zu sein.

Nach Schilderungen ihres Mannes, des Malers Otto Modersohn, und ihrer Schwester Herma gestaltete sich ein typischer Tag Paulas in der Künstlerkolonie Worpswede, dem Wohnsitz des Ehepaars, folgendermaßen: Aufstehen um sieben Uhr, zwei Stunden Hausfrauenpflichten, anschließend Malen bis ein Uhr, essen und ruhen, und dann ab drei Uhr wieder ins Atelier, manchmal bis sieben Uhr abends. Die Sonntagsruhe hielt sie brav ein – der Pinsel blieb trocken.

Das hört sich nicht gerade aufregend an. Und in der Tat behagte ihr Worpswede zwar, doch ebensosehr sehnte sie sich stets nach einem inspirierenden Ausgleich zur gefälligen Naturkulisse und dem täglichen Ehe-Einerlei. Sie begann – ganz emanzipierte Frau –, regelmäßig nach Paris zu reisen, wo sie Cézanne, Gauguin und van Gogh schätzen lernte und durch Rilke die Bekanntschaft mit Rodin machte.

Im Jahre 1906 war es schließlich soweit: Sie kehrte dem Ehemann im Namen der Kunst ganz den Rücken und übersiedelte ins auf- und anregende Paris. Während der gütige Modersohn in Worpswede sehr unter der Trennung litt, schuf sie in dieser Zeit ihre beeindruckendsten Bilder. Diese für sie in künstlerischer Hinsicht äußerst produktive Phase endete dennoch mit einer Niederlage. Zahlungskräftige Abnehmer ihrer Bilder fand sie in Paris nicht. Die gelegentlichen Zuwendungen von seiten ihres verlassenen Mannes reichten nicht für den Unterhalt. Paula kehrte ins heimelige Worpswede zurück, in die materielle Sicherheit - sie hatte finanziell nie wirklich auf eigenen Beinen gestanden.

Ende 1907 brachte sie das langersehnte Kind zur Welt. Aber es sollte ihr nur ein kurzes Mutterglück beschert sein. Achtzehn Tage nach der Geburt starb sie an einer Embolie. Paula Modersohn-Becker hinterließ einunddreißigjährig ein erstaunlich umfangreiches Werk von etwa siebenhundert Gemälden und einen trauernden Ehemann.

Marilyn Monroe

1926 – 1962

Ewig auf der Suche nach einem »Daddy«

Für die kindliche Entwicklung der Norma Jean Baker, alias Marilyn Monroe, war es wenig förderlich, ständig zwischen verschiedenen Erwachsenen herumgereicht zu werden. Noch dazu, da sie ganz unterschiedliche Vorstellungen von ihrem Erziehungsauftrag hatten. Die Nachwirkungen ihrer kindlichen Odyssee bestimmten Marilyns restliches Leben.

Ihre Mutter, eine Cutterin im Filmbusiness, gab sie in die Obhut sehr korrekter Pflegeeltern, die Kino und Fernsehen für abgrundtiefe Laster hielten. Die Mutter dagegen, bei der Norma Jean nach einigen Jahren wieder landete, war verständlicherweise der entgegengesetzten Ansicht. Nachdem diese in ein Sanatorium eingeliefert worden war (Marilyn fürchtete sich immer davor, geisteskrank zu werden), kümmerte sich eine Freundin vorübergehend um das Kind. Später steckte man Norma Jean in ein Waisenhaus, danach wieder zurück zur Freundin, zu leiblichen Verwandten und zur Schwester der Freundin. Mit fünfzehn Jahren verfügte Norma

Jean schon über jede Menge Erfahrungen – so auch über (abgewehrte) Mißbrauchsversuche von Männern aus dem »familiären« Umkreis.

Um einer abermaligen Heimeinweisung zu entgehen, heiratete sie mit sechzehn. Die Ehe wurde ein Flop, denn Norma Jean strebte kein Hausfrauendasein an. Auch ihre späteren Ehen mit dem Baseball-Star Joe DiMaggio und dem Literaten Arthur Miller endeten in Scheidung. Beide konnten nicht die fehlende Vatergestalt verkörpern, nach der sie sich immer sehnte. Ihr leiblicher Vater war ihr nicht bekannt – Männer, in denen sie das Ideal zu fassen glaubte, nannte Marilyn gerne »Daddy«.

Der Weg zum Ruhm kam nicht über Nacht. Neider warfen ihr vor, sich »hochzuschlafen«. Und es trifft tatsächlich zu, daß die einflußreichen Männer an Marilyns Seite meist auch ein Verhältnis mit ihr hatten. Zu Beginn ihrer Karriere hatte sich das attraktive Starlet sogar als Callgirl verdingt. Durch mehrere Schönheitsoperationen ließ sie sich ihren Überbiß, ihre Nase und ihr Kinn korrigieren und die Zähne bleichen. Die Investition sollte sich lohnen, denn sie avancierte zu *dem* Sexsymbol Hollywoods schlechthin. Kokett setzte sie ihren Hang zum Exhibitionismus ein, wenn sie gelegentlich mitteilte, sie trage selten Unterwäsche: »Ich fühle mich gern unbehindert und frei.«

Für die Öffentlichkeit war Marilyn der Inbegriff der süßen und naiven Blondine, die mit ihrem betörenden Lächeln, den wirkungsvoll eingesetzten Augenaufschlägen und üppigen Kurven die Männerwelt verzauberte. Insider erzählten sich pikante Geschichten vom begehrenswerten Betthäschen, das einer Vielzahl bedeutender Zeitgenossen den Kopf verdrehte. Als die erlesensten Exemplare ihrer Sammlung wurden Yves Montand, Frank Sinatra und John F. Kennedy genannt (»Ich bin das kleine Waisenkind, das sich der freien Liebe mit dem Führer der Freien Welt hingibt«). Legendär ist ihr bei einer Gala zu Ehren des fünfundvierzigsten Präsidentengeburtstags hingehauchtes »Happy Birthday«, das auch heute noch überzeugt.

Hinter der Glamour-Fassade verbarg sich jedoch ein Wesen, das von

Unsicherheit und Depressionen gequält wurde. Marilyn war über viele Jahre hinweg hochgradig tablettensüchtig. Verbunden mit Alkohol ergab das eine explosive Mischung, so daß peinliche Szenen in der Öffentlichkeit nicht ausblieben. Hinzu kam die seelische Belastung durch drei Fehlgeburten. Nach der letzten schrieb sie an Freunde: »Habe ich es vielleicht getötet, indem ich Amytal auf leeren Magen nahm?« Vielleicht.

Mit der bereitwilligen Unterstützung ihrer Psychiater und Ärzte erhielt sie alles, was sie brauchte. So standen ihr stets Unmengen an Beruhigungsmitteln, Schlaftabletten und Aufputschmitteln zur Verfügung, die sie wahllos schluckte. Während mancher Dreharbeiten ließ man den verlangten Stoff sogar extra für sie einfliegen. Auch regelmäßige Injektionen gehörten zur »Behandlung« – und Einläufe gegen die tablettenbedingte Verstopfung.

In den letzten Jahren wurde diese unheilvolle Entwicklung von ihrem Psychiater Dr. Greenson beschleunigt, der Marilyn anscheinend nicht nur als Patientin von sich abhängig machte. Dieses zweifelhafte Exemplar der medizinischen Zunft mauserte sich zu ihrem Coach in beruflicher wie privater und vor allem finanzieller Hinsicht.

Es spricht einiges dafür, daß ausgerechnet ein »Daddy« – Dr. Greenson –, wenn auch fahrlässig, für die Medikamentenvergiftung verantwortlich war, die Marilyn Monroe in einer ominösen Augustnacht, deren Verlauf viele Fragen offen läßt, das Leben kostete.

Wolfgang Amadeus Mozart

1756 – 1791

Heilloser Kindskopf

Arbeitswut (»Workaholismus«) gepaart mit Verschwendungssucht, so einige Wirtschaftshistoriker, waren die treibenden Kräfte des modernen Kapitalismus. Und sie spielen auch in genialischen Lebensläufen häufig eine bestimmende Rolle. Mozart war in Wien der erste erfolgreiche Musikunternehmer – einer, der zwar immer von fester Staatsanstellung träumte, dann aber doch die großen Räder gerne selbst drehte. Die Bilanzen waren wechselhaft.

Spätestens mit sechs Jahren fing er mit ernsthaftem Komponieren an und brannte in knapp dreißig verbleibenden Jahren ein derartiges Feuerwerk musikalischer Einfälle ab, daß man sich kaum fragen mag, was noch gefolgt wäre, hätten ihm das Schicksal und seine von ihm hemmungslos strapazierte Gesundheit ein längeres Leben gegönnt.

In diesem Fall wäre allerdings auch zu erwägen, auf wieviel Schulden er es noch gebracht hätte, denn Wolfgang Amadeus konnte mit seinen durchaus beträchtlichen Einkünften nicht haushalten. Daß er in einem Armengrab am Rande Wiens beigesetzt wurde, liegt weniger daran, daß er das Paradebeispiel eines verkannten oder ausgebeuteten Künstlers abgäbe, obwohl damals Komponisten in Ermangelung eines Urheberrechts einen schweren Stand hatten. (Bei heutigem Urheberrecht wären die Erben Mozarts bis zum Jahre 1866 tantiemenberechtigt gewesen – und zu diesem Zeitpunkt die reichste Familie der Welt geworden!) Mozart lebte durchweg über seine Verhältnisse und verabscheute die (wirtschaftlichen) Zwänge des Daseins.

Voller Energie und mit geliehenem Geld organisierte er Hauskonzerte und Soireen und verfiel gnadenlos seiner Spielleidenschaft für Karten und Billard. Als Folge seiner Verschwendungsmanie mußte er eine Vielzahl von Bitt- und Bettelbriefen verfassen, vornehmlich an seinen Freimaurer-Logenbruder Puchberg. Die darin zur Schau gestellte (berechnende) Unterwürfigkeit, verbunden mit einem Mangel an jedweder Selbstkritik, macht sie zu einer ernüchternden Lektüre.

Dem zwiespältigen Verhältnis zum Geld entsprach eine unflätige, »skatologische« Besessenheit, die sich nicht selten auf ausgesprochen kindische Weise äußerte. So warf er zwar (vermutlich) nicht mit Exkrementen um sich, wohl aber mit dem dazugehörigen Vokabular. In dieser beschränkten Begriffswelt bekundete Mozart mitunter sogar seine Zuneigung für das andere Geschlecht – die sogenannten »Bäsle-Briefe« an seine Cousine geben Auskunft. Da heißt es etwa: »Ja, ja, ich bin meiner sache gewis, und sollt ich heut noch machen einen schiss...« Der Kanon »Leck mir den Arsch fein recht schön sauber« (KV 382d) kann als eines von verschiedenen Beispielen dienen, daß sich diese Neigung, die er übrigens mit seiner Mutter teilte, auch in seinem musikalischen Schaffen niederschlug.

Mozart war klein, er hatte Blatternarben im Gesicht, ein mißgebildetes Ohr, gelbliche Haut und eine enorm große Nase – das alles auf einem Kopf, der zu groß für seinen Körper war. Er war zerstreut, ständig in Bewegung und verblüffte seine Umgebung häufig mit merkwürdigen »unschicklichen« Hanswurstereien und Narrenpossen (Purzelbäume schlagen, wie ein Katze miauen und ähnliches).

Mozart starb offiziell an »hitzigem Frieselfieber« – vereinsamt, gebrochen und gesundheitlich zerrüttet, von Freunden und Gönnern in den letzten Jahren seines Lebens zunehmend gemieden, gesellschaftlich »out«. Der genaue Grund dieser Ächtung ist bis heute Anlaß für Spekulationen (die Schulden? seine eigenartige Persönlichkeit?). Einige ernstzunehmende medizinische Argumente stützen das bald nach seinem Tod umgehende Gerücht, Mozart sei womöglich vergiftet worden. Hauptverdächtiger ist sein musikalischer Rivale, der Hofkomponist Salieri, der *angeblich* deswegen einen Selbstmordversuch unternahm und *angeblich* auf dem Sterbebett die Tat bekannte.

»Niemand hat geahnt, daß die sterblichen Reste eines unfaßbar großen Geistes zu Grabe getragen wurden, ein unverdientes Geschenk an die Menschheit, in dem die Natur ein einmaliges, wahrscheinlich unwiederholbares – jedenfalls niemals wiederholtes – Kunstwerk hervorgebracht hat«, klagt Wolfgang Hildesheimer in seinem biographischen Standardwerk. Noch zu Lebzeiten seiner Frau Constanze begann jedoch das bis heute andauernde Revival.

Kaiser Napoleon I.

1769 – 1821

Naturereignis mit Schlafmütze

Man stelle sich Sohnemann vor mit einem Holzschwert und einem Dreispitz aus Zeitungspapier, wie er zum Entzücken der Eltern in der Badewanne Schiffe versenkt – schon hat man einen kleinen Napoleon vor Augen. Das »Naturereignis«, wie Egon Friedell ihn treffend bezeichnet, pflegte indes auch in reiferen Jahren mit seiner Schlafmütze zu baden und mit dieser wiederholt unterzutauchen, worauf ihm sein Kammerdiener Constant immer wieder eine trockene Mütze reichen mußte. Erst nach dem Frühstück wechselte der Erste Konsul und spätere Kaiser die Kopfbedeckung. Man kann den Diener und die wenigen anderen Zeitzeugen, die in den Genuß dieses Schauspiels kamen, nur beneiden. Constants Job dagegen war mühsam, denn er mußte auch wichtige Regierungspapiere aus den Pfützen retten, die sein Herr achtlos über den Badewannenrand fallen ließ, während er sich gleichzeitig darüber in Rage versetzte.

Der Kaiser, der nur 1,51 m groß war, lutschte zwar gerne Süßholz, aber der Umgang mit ihm war kein Zuckerschlecken. Auch seine Vorliebe für Waffeln und Kuchen in Form von Symbolen seiner vielen Siege stimmten ihn nur vorübergehend milde. Napoleon war durch und durch Choleriker. Gern verteilte er Tritte, Schläge oder sogar Peitschenhiebe. Wenn er vor lauter Wut gar nicht mehr wußte, wohin mit sich, wälzte er sich tobend auf dem Boden. Auf der anderen Seite konnte ihn seine explosive Erregbarkeit auch dazu verleiten, leidenschaftlich zu weinen. Er war passenderweise ein großer Fan von Goethes *Die Leiden des jungen Werthers* und gewährte dem sich hochgeehrt fühlenden Dichter eine Audienz.

Wahrscheinlich hätte er ohne diese vulkanische Energie den kometenhaften Aufstieg zum Gipfel der Macht nicht geschafft. Innerhalb eines Jahrzehnts war aus einem unbekannten korsischen Offizier der Kaiser Frankreichs und Beherrscher Europas geworden. Bis dahin hatte er zahllose Schlachten geschlagen, viel Liebesleid ertragen – seine Frau Joséphine betrog ihn nach Strich und Faden – und die meisten seiner politischen Ziele verwirklicht. Er war auf breitem Gebiet ungeheuer belesen und verfügte über ein außerordentliches Gedächtnis. Bei einem extrem niedrigen Puls von 48 Schlägen in der Minute benötigte Napoleon zudem nur wenig Schlaf – so arbeitete er regelmäßig bis zu zwanzig Stunden am Tag.

Nach seiner Niederlage in der Schlacht von Waterloo (1815) mußte Napoleon noch sechs lange, untätige Jahre in der Verbannung auf der Insel St. Helena verbringen. Zu seinen wenigen Vergnügungen soll eine Liaison mit der Frau des Generals de Montholon gezählt haben, aus der zwei Kinder hervorgingen. Montholon, der Gehörnte, hat es wohl über sich ergehen lassen, zumal er wußte, daß Napoleon ihm zwei Millionen Goldfrancs vermachen würde. Eine Autopsie nach des Ex-Kaisers Tod brachte einen übermäßig hohen Arsengehalt in seinem Körper zutage, so daß man davon ausgehen kann, daß Napoleon langsam vergiftet wurde – ob aus Rache oder Geldgier, sei dahingestellt.

Friedrich Nietzsche

1844 – 1900

Der Schwache, der das Starke liebte

Es hat etwas Rührendes und Beängstigendes zugleich, wenn ein Kind mit zehn Jahren Motetten komponiert, Gedichte schreibt und Bibelverse rezitiert, und wenn es sich mit vierzehn an die Niederschrift einer Autobiographie macht. Das Kind heißt Friedrich Nietzsche, und aus ihm wurde der tragisch umwitterte Verkünder des philosophischen Nihilismus, den Gottfried Benn als »das Erdbeben der Epoche und seit Luther das größte deutsche Sprachgenie« rühmt.

Der kleine Friedrich war also ein Musterknabe und sicherlich der Stolz des Frauenhaushalts (Mutter, Schwester, Großmutter und zwei Tanten), in dem er aufwuchs. In der Schule stellte er in den meisten Fächern den Klassenprimus. Sein Universitätslehrer für Klassische Philologie in Leipzig bezeichnete Nietzsche als den besten Studenten, den er in vierzig Jahren unterrichtet habe. Seine

Mitgliedschaft in einem Studentenkorps, die ihm einen standesgemäßen Schmiß eintrug, gehörte da schon der Vergangenheit an, das Studium der Theologie, das er in Bonn begonnen hatte, ebenso (sein Vater, sein Großvater und einige andere Vorfahren waren Pastoren gewesen) - er hatte es abgebrochen nachdem er zur Überzeugung gelangt war, daß Gott »tot« sei.

Friedrich verschrieb sich ganz der Philosophie - die Lektüre Schopenhauers, dessen Schriften ihm als die Erleuchtung erschienen, hatte darauf erheblichen Einfluß. Nicht minder folgeträchtig wurde die fatale Ansteckung mit Syphilis, die er sich anscheinend mit Anfang Zwanzig in einem Leipziger Bordell zugezogen hatte. Syphilis konnte in jener Zeit noch nicht geheilt werden, und so verdüsterte sie sein restliches Leben. Finanziell fand er jedoch schnell sein Auskommen: Noch vor Fertigstellung seiner Promotion erhielt Nietzsche mit fünfundzwanzig einen Ruf nach Basel als Professor für Klassische Philologie.

In Leipzig wurde Nietzsche auch mit Richard Wagner bekannt, dem er alsbald mit abgöttischer Verehrung anhing. Der Weg von Basel nach Tribschen bei Luzern, wo Wagner mit Familie lebte, war kurz, und die Freundschaft zwischen beiden erreichte bald eine solche Tiefe, daß sie scheinbar nur noch in der Unterwerfung des jungen Propheten unter den patriarchalischen »Tonmeister« münden konnte. Der Ausweg aus dieser Konstellation war der radikale Bruch Nietzsches mit seinem Idol - fortan galt ihm Wagner als Verräter an der Idee wahrhaftiger Kunst, als opportunistischer Vertreter einer dekadenten, lebensfeindlichen Kultur.

In Basel lehrte Nietzsche zehn Jahre lang mit erschöpfender Hingabe Philologie und Philosophie, bis die Folgen der Krankheit - chronisch auftretende, bohrende Kopfschmerzen und starkes Nachlassen der Sehkraft - ihm die Fortsetzung seiner universitären Arbeit unmöglich machten. Mit einer kleinen Gnadenpension versehen, vagabundierte er nun in Deutschland, Italien und der Schweiz umher, ständig auf der Suche nach gesundem, linden Klima. Im Gepäck führte der zusehnds Vereinsamende stets eine monströse Hausapotheke. Nietzsches Werke fanden zu allem Überfluß kaum Resonanz, was ihn verbitterte, aber nicht davon abhielt, seine Gedanken mit ständig wachsender Selbstgewißheit zu Protokoll zu geben.

Während dieser Wanderjahre lernte er zusammen mit einem Freund die junge Lou Salomé kennen, die später eine Liaison mit Rilke und eine Freundschaft mit Freud pflegen sollte (»Von welchen Sternen wurden wir einander zugeführt?«). Er verliebte sich maßlos – ebenso wie sein Freund. Unglücklicherweise war Nietzsche so extrem schüchtern (von seinem Ausspruch »Lebe gefährlich!« jedenfalls keine Spur), daß er den Freund damit beauftragte, Lou einen Heiratsantrag zu überbringen. Er ahnte nicht, daß dieser selbst die Angebetete heiraten wollte. Das Ergebnis: Beide gingen leer aus, das Dreigespann zerbrach.

In Turin schließlich ereignete sich im Frühjahr 1889 die Katastrophe: Auf der Straße umarmte Friedrich klagend ein mißhandeltes Pferd – der Wahnsinn ergriff Besitz von ihm. Die letzten elf Jahre seines Lebens verbrachte er in geistiger Umnachtung als Folge einer fortschreitenden syphilitischen Gehirnlähmung. Gepflegt wurde er erst von seiner Mutter und nach deren Tod von seiner Schwester Elisabeth, »dem Lama«. Diese wurde zu seiner Nachlaßverwalterin und garnierte bedenkenlos die herausgegebenen Schriften mit antisemitischen Äußerungen, womit sie der späteren Mißinterpretation seines Werkes durch die Nationalsozialisten vorarbeitete. Nietzsche selbst widerten Antisemiten an. Er bewunderte die Juden, Georges Bizets *Carmen* und den alten Adel Italiens.

Der tragische Philosoph und hellsichtigste Psychologe seiner Zeit starb mit fünfundfünfzig Jahren als Opfer seiner bordellbedingten »Jugendsünde«. Sein Werk deuteten ein paar Jahrzehnte später die braunen Fanatiker um – als Rechtfertigung ihres bedingungslosen Willens zur Macht.

Alfred Nobel

1833 – 1896

Wenig explosiv

Geht man der Frage nach, ob Alfred Nobel eher von explosiver oder friedfertiger Natur war, so hat man damit die beiden Pole seines Schaffens abgesteckt: die Erfindung des Dynamits, der Sprenggelatine, des Nitroglyzerins und die Stiftung des (Friedens-) Nobelpreises.
Es liegt nahe, einen tiefsitzenden seelischen Zwiespalt zu mutmaßen und die Stiftung als Heilmittel gegen das schlechte Gewissen angesichts der zerstörerischen Wirkungen seiner Erfindung zu sehen. Alfred Nobel aber ausschließlich als reuigen Sünder zu deuten, wird ihm kaum gerecht. Er sah im Dynamit zunächst vor allem die Möglichkeiten einer friedlichen Nutzung - etwa beim Einsatz in Bergwerken und beim Bau großer Tunnels. Nach allem, was über seine Person bekannt ist, war er eine ausgesprochen friedliche Natur.

Alfred litt schon als Kind an schwacher Konstitution, und er kränkelte oft. Um das daher rührende Minderwertigkeitsgefühl zu kompensieren, wurde er zu einem der wildesten Workaholics, die Europa je gesehen hat. Extremer Arbeitseifer wechselte regelmäßig mit tiefsten Erschöpfungszuständen, die wiederum lange Kuraufenthalte nötig machten. Am glücklichsten fühlte sich Nobel bei der Arbeit in seinem Laboratorium, wo er regelmäßig die Nächte hindurch arbeitete – mit einer bemerkenswerten Rücksichtslosigkeit sich selbst gegenüber. Seine ständigen »Nitroglyzerin-Kopfschmerzen«, wie er sie nannte, linderte er notdürftig durch Kompressen um die Stirn.

Das Resultat seiner Arbeitswut, seiner Selbstquälerei und seiner grenzenlosen Wißbegier waren neben seinen zahllosen Unternehmen immerhin 355 auf seinen Namen angemeldete Patente. Nur widerwillig ließ er sich aus seinen schöpferischen Exzessen herausreißen. Doch die Organisationsaufgaben in seinem riesigen Firmenimperium zwangen ihn mit unbarmherzigem Termindruck dazu. Den Zug, mit dem der Erfinder rastlos in Europa unterwegs war, bezeichnete er als sein »rollendes Gefängnis«.

Nobel war ein einsamer, menschenscheuer Mann, der nur selten Vertrauen zu anderen faßte. Sicherlich trug auch dazu bei, daß er mehrmals von Weggefährten und Konkurrenten abgrundtief enttäuscht worden war. Und es entging ihm nicht, daß man sich oft nur wegen seines Geldes für ihn interessierte. Der sechssprachige Multimillionär trank nicht, rauchte nicht und hielt sich an eine zweifelhafte Diät, die ihn gefährlich nah an den Ausbruch von Skorbut brachte.

Askese war Teil seines Lebensprogramms – nur bei der Arbeit ließ er alle Zügel schießen. Er hatte schwer für die Unbedingtheit, mit der er seiner Sache anhing, und den materiellen Erfolg, den sie ihm eintrug, zu bezahlen. Auffallend ist in diesem Zusammenhang seine Glücklosigkeit in der Liebe. Das untergründige Leiden am emotionalen Defizit konnte er mit seinem Arbeitseifer nicht ersticken. Hoffnungslos schüchtern und gänzlich uneitel, litt Nobel sein Leben lang daran, keine passende Weggefährtin zu finden.

Einzig einer Frau versuchte er sein Herz zu schenken, da war er schon dreiundvierzig Jahre alt. Es fing ganz romantisch an: Während einer Wienreise verliebte er sich in die zwanzigjährige Blumenverkäuferin Sofie Heß und fing ein Verhältnis mit der »Pretty Woman« an. Die Romantik blieb rasch auf der Strecke, denn Sofie war schnell gelangweilt. Sie war jedoch praktisch veranlagt und witterte ihre Chance: Das Fräulein ließ sich jahrelang prächtig aushalten (Villa, teure Kleider, regelmäßige Geldbezüge) und dachte nicht im mindesten daran, auf ihre eigenen Liebeswünsche zu verzichten. Für deren Befriedigung suchte sie sich allerdings jüngere Kavaliere. Nobel, der Gute, verzieh ihr alles, leitete dann aber doch auf Drängen seines Bruders die Trennung ein, nicht ohne ihr eine großzügige Rente zu gewähren.

Die gewiefte Person machte nach Nobels Tod aufs Neue von sich reden, als sie von der Stiftung eine Summe einforderte, die weit über den Betrag hinausging, mit dem sie im Testament bedacht worden war. Andernfalls drohte sie, die 216 Briefe zu veröffentlichen, die ihr Nobel im Laufe der Jahre geschrieben hatte. Um einen Skandal zu vermeiden, zahlte die Stiftung diskret und bekam dafür die Schriftstücke. Der allererste »Friedensnobelpreis« ging somit gewissermaßen an Sofie Heß.

Pablo Picasso

1881 – 1973

Frauenfreund und Hypochonder

Künstlerleben zu Beginn des 20. Jahrhunderts: Der junge Picasso besucht wieder einmal Paris, wohnt bei seinem Dichterfreund Max Jacob, arbeitet nachts, schläft tagsüber in dem einzigen vorhandenen Bett und heizt an den eiskalten Wintertagen gelegentlich den Ofen – mangels sonstigem Heizmaterial mit seinen Zeichnungen. Später haust er mit seiner Geliebten Fernande Olivier am Montmartre, malt in den fast leeren Zimmern Möbel an die Wände und schließt – feurig-eifersüchtig – Fernande hin und wieder ein, wenn er allein aus der Wohnung geht.

In seinen Anfängen hatte es Picasso nicht leicht, Geld mit seiner Kunst zu verdienen, wenn auch sein Talent früh vom ebenfalls malerisch tätigen Vater gefördert worden war. Schon mit elf besuchte Pablo die Kunstschule, und mit sechzehn schrieb er sich an der Akademie in Madrid ein. Dort langweilte ihn nach kurzem der Alltagsbetrieb penibler Routinekurse – er studierte lieber die Großen seiner Zunft in den Museen und genoß in vollen Zügen die Freuden des großstädtischen Nachtlebens.

Es dauerte nicht lange, und das junge Talent trieb sich in Paris herum, der damaligen Welthauptstadt der Kunst und des Vergnügens. Frankreich wurde seine Wahlheimat. Am Montmartre wohnte er einige Jahre mit Künstlerfreunden in einer riesigen Holzbaracke, dem sogenannten »Bateau-Lavoir«. Im Winter war es dort eiskalt, dafür arbeitete Picasso im Sommer wegen der unerträglichen Hitze oft nur mit einem Lendenschurz bekleidet. In diesem Quartier stieß er einmal auf die Leiche eines deutschen Künstlerkollegen, der sich im Drogendelirium am Deckenbalken erhängt hatte, und Pablo schwor sich, nie Opiate zu sich zu nehmen. Diese Zurückhaltung kompensierte der allzeit genußfreudige Sinnenmensch mit viel Nikotin, großen Freundschaften und einem mächtigem Quantum Sex.

Der Blauen Periode folgte die Rosa Periode, und der Rosa Periode folgte der Kubismus, zu dem Picasso (mit dem Bild *Les Demoiselles d'Avignon*, 1907) den entscheidenden Anstoß gab – eine der größten Revolutionen in der Kunstgeschichte. Der hellsichtige Förderer Daniel-Henry Kahnweiler bot Picasso einen Exklusivvertrag, und von da an war dieser stets finanziell unabhängig.

Picassos Kontakte lesen sich wie ein *Who's Who* der damaligen Kulturszene: Djaghilew, Apollinaire, Camus, Queneau, Sartre, Cocteau, Aragon, ganz zu schweigen von seinen Malerkollegen Matisse, Legér und vielen anderen. Jede neue Stilrichtung griff der Arbeitsbesessene auf, er versuchte sich auch erfolgreich als Graphiker, Bildhauer, Keramiker und sogar als Dramatiker (*Wie man Wünsche beim Schwanz packt*). Picassos Gesamtwerk umfaßt etwa 25.000 Arbeiten – womit er als einer der produktivsten Künstler der Weltgeschichte gilt.

Die Frauen spielen in Picassos Leben eine zentrale Rolle. Zweimal hat er geheiratet, und die Namen mehrerer Geliebten leuchten mehr oder weniger hell am Rande seiner Biographie. Von seinen vier Kindern war nur das erste ehelich (mit der adeligen Tänzerin Olga Koklova, die ihn in erlauchte Kreise einführte). Mit seinen Gefährtinnen ist der despotische und egozentrische Spanier nicht gerade sanft umgesprungen – sie sollten ausschließlich für ihn da sein.

Am meisten Wirbel gab es um die Malerin Françoise Gilot, die um vierzig Jahre jüngere Lebensgefährtin (sie war so alt wie Picassos erster Sohn). Sie schenkte ihm zwei Kinder und schrieb ein offenherziges Buch über die Zeit ihrer zehnjährigen Liaison, dessen Veröffentlichung Picasso vergeblich zu verhindern suchte. Die Gilot hielt sich nicht zurück mit jeder Menge Klatsch über den privaten Picasso. Sie schildert ihn als außerordentlich abergläubisch. Häufig unterwarf er seine Umgebung verschiedenen Ritualen, die er gegen allerlei Widrigkeiten für hilfreich hielt. Vor Ausflügen etwa mußte stets eine Minute geschwiegen werden, damit nichts Schlimmes geschehe.

Wegen seiner kleinen Statur behagte es ihm nicht, Kleidung zu kaufen, denn von der Stange paßte gewöhnlich nichts. Vom Schneider ließ er ebenso ungern Maß nehmen - sein kleiner Körper mit dem breiten Brustkorb war ihm unangenehm. Regelrechte Angst hatte Picasso vor dem Haareschneiden. Lange besorgte er dies selbst - allenfalls Françoise durfte sich ihm mit der Schere nähern. Doch nach Jahren fand er endlich einen Friseur seines Vertrauens. Wegwerfen konnte er nichts, ob Haare oder Nägel - er bewahrte alles wohldatiert auf. Noch während der Zeit der deutschen Besetzung, traf ihn ein Freund einmal auf der Straße und bemerkte an ihm schulterlange schlohweiße Haare. (1942 soll er sein Haus gar nicht verlassen haben. Er blieb jedoch den Krieg über trotzig in Paris, obwohl die Nazis dem bekannten Sympathisanten des Kommunismus und »entarteten« Künstler ein Ausstellungsverbot erteilt hatten.)

Zeitlebens fürchtete Picasso sich vor Krankheiten und dem Tod. Françoise Gilot schildert eingehend, wie schwer es war, den sich meist von schlimmsten Übeln befallen wähnenden Künstler morgens aus dem Bett zu locken. Damit brachte es der Hypochonder allerdings auf stolze einundneunzig Jahre. Er starb an einem Herzschlag.

Edgar Allan Poe

1809 – 1849

Früh körperlich zerrüttet

Poe ist bis heute ein Rätsel. Er war ein seltsamer Mensch, eine dunkle, von inneren Dämonen getriebene Persönlichkeit. Was genau ihn zerstörte, ist jedoch kaum zu ergründen, wenngleich dies gerne und oft versucht wurde. Denn Poe ist seit langem willkommenes Opfer der psychoanalytischen Literaturdeutung: seine Besessenheit von Tod, Verderben, Verdammnis und Verwesung, die Einschließungsängste und die Vorliebe für dunkelhaarige, ätherische, meist todesnahe Schönheiten - ein wunderbares Panoptikum des Unterbewußten. Der »bildschöne« Edgar, mittleres von drei Kindern und Sohn eines Schauspielerehepaars, kam schon mit drei Jahren in die Obhut von Pflegeeltern. Sein Vater hatte die junge Familie (ohne Ankündigung) plötzlich verlassen, und seine Mutter war im Alter von vierundzwanzig (mit Ankündigung, denn sie war lungenkrank) gestorben.

Edgars Verhältnis zu Virginias künftig reichstem Mann, seinem Pflegevater John Allan, war zwiespältig. Mit der Zeit überwogen die Konflikte. Zum Bruch kam es, als Allan Forderungen von Edgars Spielschulden vorgelegt wurden – immerhin etwa 2.500 Dollar, was zu damaliger Zeit viel Geld war. Allan setzte den Pflegesohn kurzerhand auf die Straße – dieser war gerade achtzehn geworden. Dabei war Edgar kein Spieler aus Leidenschaft, sondern aus Not. Das Salär, das Allan ihm zum Studium gewährte, war zu knapp bemessen, und so sah Edgar das Spielen als einzigen Ausweg an, zu Geld zu kommen. Doch das Glück war ihm nicht hold, weder im Spiel – noch als Erbe. Als der knauserige Allan starb, hinterließ er Edgar keinen Cent.

Nach einem kurzen Intermezzo an der Offiziersschule West Point, wo Poe wegen mutwilliger Dienstvernachlässigung und Ungehorsam bald relegiert wurde, ging es trotz gelegentlicher günstiger Wendungen bergab mit ihm. Von stattlicher Gestalt und einst bewundert als glänzender Schwimmer (er soll einmal sechs Meilen gegen den Strom geschwommen sein), erlitt Poe nun regelmäßig Nervenzusammenbrüche, die ihn halb bewußtlos dahindämmern ließen.

Schon während der Studienzeit hatte er sich das Trinken angewöhnt. Allerdings soff er nicht aus Lust, sondern, wie er selbst sagte, aus Ekel: »Meine Feinde schreiben den Wahnsinn dem Getränk zu und nicht das Getränk dem Wahnsinn.« Sein »Säuferwahnsinn« nahm besonders nach dem Tod seiner Frau derartige Ausmaße an, daß er nicht selten völlig neben sich stand oder auch lag. Hinzu kam der regelmäßige Genuß von Opium zur Steigerung der Produktivität. Darin war er ein heilloser Vertreter jener schwarzen Romantik, die aus Grenzerfahrungen und Selbstzerstörung ihre Imaginationskraft bezieht.

Materiell lebte Poe fast stets am Rand des Existenzminimums, was vordergründig vielleicht erstaunlich klingt bei diesem Miterfinder der Detektivgeschichte, eine Gattung, mit der sein Nachfolger Simenon etwa ein Vermögen von einer halben Milliarde Mark verdiente. Aber Poes

Geist, der bis heute seine Leser durch logisches Kalkül und Scharfsinn besticht, zeichnete sich überhaupt nicht durch Geschäftssinn aus. Er war ein gefürchteter Kritiker, arrogant bis zur Herablassung und in seinem Urteil radikal; andererseits wirkte er auf seine Umwelt stets korrekt und gewinnend – wie der geborene Gentleman.

Im Jahre 1836 heiratete er seine erst dreizehnjährige Cousine Virginia, die sechs Jahre später einen Blutsturz erlitt und noch fünf weitere Jahre an Tuberkulose hinsiechte. Ihre Mutter, also Poes Tante, Mrs. Clemm, kümmerte sich aufopferungsvoll um den unglücklichen Witwer. Eine tiefe und echte – platonische – Liebe scheint die Basis dieser Beziehung gewesen zu sein. In dem Zusammenhang ist es auffällig, daß Poes Werk erotische Thematik fast völlig ausspart – sieht man davon ab, was unter der Oberfläche brodelte.

Edgar A. Poe starb nicht ganz drei Jahre nach seiner Frau in einem Krankenhaus in Baltimore. Die letzten Tage davor liegen im Dunkeln. Fakt ist, daß er in einem verwahrlosten Zustand und geistig völlig verwirrt in einer stinkenden Gasse aufgefunden wurde. Der Koffer in seinem Hotel war leer, die schäbige Kleidung, die er trug, gehörte nicht ihm. Man wird wohl nie erfahren, was dort geschah, in Baltimore – »Quoth the Raven, ›Nevermore‹« (»Sprach der Rabe, ›Niemals mehr‹«), heißt es in seinem berühmtesten Gedicht.

Elvis Presley

1935 – 1977

Tragischer Fall eines Mamasöhnchens

Abertausende Wallfahrer strömen aus den entlegendsten Winkeln der Erde nach »Graceland«, um das Grab (von Ruhestätte kann hier wohl nicht die Rede sein) des »King of Rock 'n' Roll« mit eigenen Augen zu sehen. Memphis müßte eigentlich längst Elvis City heißen.

In der Schule wurde Elvis ständig gehänselt, war dafür aber meist der Liebling seiner Lehrer. Derlei tut einem Kind selten gut, vor allem dann nicht, wenn es eine dominante Mutter hat, die immer nur sein Bestes will. Da sind die Probleme vorprogrammiert – Elvis war geplagt von Schlafstörungen und Schlafwandlertum, er stotterte leicht, litt an Asthma und war schüchtern und unsicher. Außerdem ist eine latente Homosexualität wahrscheinlich.

Heutzutage sieht man das zu Recht gelassen, im prüden Amerika der fünfziger Jahre war das noch anders. Erst aus dem Rückblick auf seine Karriere als *das* männliche Sexsymbol erscheint es ein wenig skurril.

Seine Beziehungen zu Frauen waren nicht gerade von Erfolg gekrönt – Priscilla Presley, die einzige, die er geheiratet hat (er holte sie sechzehnjährig nach Graceland) und die sich von ihm scheiden ließ, behauptete, in den zehn Jahren, in denen sie zusammenlebten, habe Presley höchstens fünfzigmal mit ihr geschlafen. Davon abgesehen scheint er die Ansicht vertreten zu haben, Frauen seien ausschließlich auf der Welt, um ihm Freude zu bereiten.

Als Elvis' Mutter im Jahre 1958 starb, brach für ihn eine Welt zusammen – sie war sein ein und alles, und er überwand ihren Verlust nie. Zu diesem Zeitpunkt, mit dreiundzwanzig, war er schon eine Legende, und die Show mußte weitergehen. Dafür sorgte auch Colonel Parker, sein Manager, der alles Geschäftliche (und auch Elvis) im Griff hatte.

Elvis verkaufte Millionen von Platten, er war der höchstbezahlte Star Hollywoods (31 Filme wurden mit ihm gedreht), er gab unzählige Konzerte – er war der unumstrittene King of Rock 'n' Roll. Mit der Zeit benahm er sich auch wie ein König. Er sammelte einen Hofstaat aus bezahlten Freunden und Verwandten um sich (die »Memphis Mafia«), arbeitete nachts und schlief bis nachmittags und verschenkte großzügig Autos an alle möglichen Fremde. Trotz seiner erfolgreichen Tourneen – er war oft die Hälfte des Jahres unterwegs – riß seine Freigebigkeit stets gewaltige Löcher in seine Finanzen, so daß er, selbst wenn er gewollt hätte, dem kräftezehrenden Teufelskreis nicht entkam.

Der King rauchte und trank wenig. Dafür schluckte er täglich einen bunten Pillencocktail. Der Werbeslogan seiner deutschen Plattenfirma lautete: Er singt, wie Marilyn Monroe geht. Beider Tablettenkonsum lädt ebenso zu Vergleichen ein. Ohne Medikamente ging bei Elvis gar nichts mehr. Seine tägliche Ration setzte sich zusammen aus Kräuter- und Vitaminspritzen, Kreislauf- und Abführmitteln, Appetitzüglern, Testosteron,

Beruhigungsmitteln, Amphetaminen, blutsenkenden Mitteln, Antihistaminen, Barbituraten und anderem mehr. Während seiner letzten zwei Lebensjahre wurden ihm über zwanzigtausend Pillen von seinem Arzt verschrieben (der sich später vor Gericht dafür verantworten mußte). Anfang der siebziger Jahre wurde Elvis übrigens auf eigenen Wunsch hin von Präsident Nixon zum Agenten der Rauschgift-Fahndungsbehörde ernannt - Fachmann dafür war er zweifellos.

Am Schluß war er nur noch ein Schatten seiner selbst. Er gab Konzerte, in denen er seine berühmten Schweißtücher an das Publikum verteilte, und trug eine Garderobe, die heute auf jeder »Bad-taste«-Party der Renner wäre. In seinem Todesjahr soll er einmal geäußert haben, daß er es überdrüssig sei, Elvis Presley zu sein. Ein Herzinfarkt gab bald darauf diesem Überdruß nach.

Donatien-Alphonse-François Sade

1740 – 1814

Ein verlorener Kopf

Hätte der Marquis de Sade an eine Hölle geglaubt, so hätte er sich da unten wohl um die Leitung der Abteilung für sexuelle Grausamkeiten beworben. In Ermangelung irgendeines Glaubens versuchte er jedoch, seinen Neigungen ein Stockwerk höher, im Diesseits, freien Lauf zu lassen, und büßte dafür mit vielen Jahren Freiheitsentzug. In einer Zeit, in der Talkshow-Dominas zum Gähnen verleiten und Horrorschocker zum Kult erhoben werden, erscheint dies kaum noch nachvollziehbar. De Sade jedenfalls haben seine Ausschweifungen damals nicht nur seine Freiheit, sondern fast den Kopf gekostet.

Die Familie bildete sich einiges darauf ein, daß Anfang des 14. Jahrhunderts ein Vorfahr jene Laura geehelicht hatte, nach der Petrarca in seinen berühmten Sonetten so sehnsuchtsvoll schmachtete. Den Familiendünkel zerstörte Sprößling Donatien in kurzer Frist gründlich. De Sade sagte von sich selbst, daß er aufgrund seiner Erziehung früh eingebildet, übermütig, despotisch und jähzornig geworden sei. Er blieb es sein Leben lang, und dies machte ihn für seine Umgebung reichlich unangenehm. Der Untugenden nicht genug, war er außerdem verantwortungs- und zügellos, ein opportunistischer Lügner und bar jeder Selbstkritik.

Früh schon frönte er einem verschwenderischen Lebensstil, was sich verheerend auf die Vermögenslage der Familie auswirkte. Sein Vater ließ ihn als einzigen Sohn widerwillig gewähren. Auch die reiche Heirat mit der unendlich nachsichtigen Renée-Pélagie machte seinen erotischen Ausschweifungen (unter anderen mit Renées Schwester) kein Ende – de Sade huldigte der trotzigen Anschauung, kein irdisches Wesen dürfe sein Verhalten maßregeln.

Zwei Wochen Gefängnis in Vincennes und ein von seiner politisch einflußreichen Schwiegermutter verordneter Hausarrest nehmen sich als nachgerade rührender Versuch aus, de Sades ungewöhnliches Triebleben zu bändigen. Gelegentliche Ruhephasen brachten ihn nie zur Abkehr von seinem Anspruch auf absolute Freiheit, worunter er die rücksichtslose Selbstverwirklichung seines Ichs verstand. Mit der Zeit avancierte er in der öffentlichen Meinung zum ruchlosesten Wüstling des Landes.

Eine Prostituierte brachte ihn vor den Kadi, nachdem er sie (ausgerechnet am Ostersonntag) lustvoll über das ihr erträgliche Maß hinaus ausgepeitscht hatte. Ein zweiter Vorfall folgte einige Jahre später und sollte folgenreicher sein: De Sade und sein Lakai wurden beschuldigt, die Teilnehmer einer Orgie mit Aphrodisiaka vergiftet zu haben und, was schwerer wog, homosexuelle Handlungen vollzogen zu haben. Auf sogenannte Sodomie stand damals die Todesstrafe, und die wurde (in Abwesenheit, denn de Sade war flüchtig) verhängt, wenn auch später wieder aufgehoben. Bei anderer Gelegenheit erregte de Sade Aufsehen, weil er sich minderjährige Mädchen für seine Ausschweifungen ausgesucht hatte.

Skandale pflasterten seinen Weg, dennoch beschritt er ihn konsequent – bis er sich durch seine Unvorsichtigkeit in den Netzen der Justiz verfing. Bald herrschte die allgemeine Überzeugung, daß er hinter Schloß und Riegel gehöre. Wenngleich de Sade hin und wieder durch Bestechung oder durch politisch günstige Umstände freikam und sogar während der Französischen Revolution kurzzeitig rehabilitiert wurde (er brachte es bis zum Gerichtsvorsitzenden), wurde die Einkerkerung sein Schicksal. Er verbrachte fast drei Jahrzehnte in Gefängnissen, vornehmlich in Vincennes und in der berüchtigten Bastille, später im Irrenhaus in Charenton (ein starkes Augenleiden und außerordentliche Beleibtheit waren die physischen Folgen der Internierungen).

Während der Haft entwickelte de Sade eine schriftstellerische Betriebsamkeit, die an Besessenheit grenzte. Sie war für ihn der einzige Weg, die schmerzlich empfundene Unfreiheit durch die Schaffung von Phantasiewelten auzugleichen. Es ist eine Ironie des Schicksals, daß er die letzten dreizehn Jahre seines Lebens wegen der Urheberschaft eines Werkes (*Justine,* 1791) eingesperrt wurde, das er während seiner vorherigen Haft in der Bastille verfaßt hatte. Der aufgeklärten Nachwelt gilt dieses Werk heute, neben den *120 Tagen von Sodom* (1785) und *Juliette* (1797), als erstes und einzigartig schonungsloses Zeugnis der abgründigen Verbindung zwischen Lust und Grausamkeit.

De Sades Wunsch, auf seinem Gut ohne Grabstein beerdigt zu werden, wurde nicht nachgekommen. Der, wie er selbst von sich sagte, »fanatische Atheist« wurde nach katholischem Ritus in Charenton begraben, einige Monate später exhumiert und umgebettet – allerdings ohne Schädel. Diesen hatte sich ein Assistenzarzt für wissenschaftliche Untersuchungen unter den Arm geklemmt und kurz darauf an einen berühmten Schädelforscher verliehen. Der starb bald danach, ohne die makabre Leihgabe zurückgegeben zu haben. So ereilte de Sade nach seinem Tod nun doch noch, was ihm zu Lebzeiten erspart geblieben war: der Verlust seines Kopfes.

Arthur Schopenhauer

1788 – 1860

Tätlicher Frauenfeind

Klein und hager war der Hauptvertreter des philosophischen Pessimismus. »Das Leben ist eine mißliche Sache«, war sein Wahlspruch. Schon als Dreißigjähriger schrieb Schopenhauer sein Hauptwerk *Die Welt als Wille und Vorstellung* (1819), das, wenn auch Jahrzehnte verspätet, wie eine Bombe in den hehren Tempel der Philosophie einschlug. Trotz der langen Wartezeit bis zum ersehnten Ruhm litt Schopenhauer nicht an Selbstzweifeln: Als ihn sein Verleger sechzehn Jahre nach Erscheinen des Werkes darauf hinwies, daß der Großteil der Auflage als Altpapier verscherbelt würde, entschloß sich Arthur selbstgewiß und unbeirrt zu einer Neuauflage.

Der Liebling seiner Mutter, war er schnöselhaft, altklug und egoistisch. Er reiste viel, und er schlemmte stets üppig. Auch Frauen vernaschte er gerne – mit einem Jugendfreund lauerte er an Bühneneingängen den Damen des Theaters auf und besuchte gelegentlich Dirnen. Er gehörte zu den vermeintlich Glücklichen, die sich nie Geldsorgen machen müssen – dank des väterlichen Erbes, das ihm schon mit siebzehn zugefallen war – der vermögende Großkaufmann hatte Selbstmord begangen.

Mit seiner Mutter geriet Arthur zunehmend auf Kriegsfuß, seit ihrem Umzug nach Weimar. Dort führte sie ein sehr offenes Haus, das bald zu einem der geistigen und gesellschaftlichen Mittelpunkte der Stadt werden sollte. Wieland, die Brüder Schlegel und sogar Goethe verkehrten dort. Eifersucht des Sohnes auf ihre Verehrer und auch Konkurrenzneid spalteten die beiden, denn Mutter Johanna entdeckte in Weimar ganz nebenbei ihr literarisches Talent und wurde wegen ihrer gefühlvollen Romane als Schriftstellerin gefeiert. Arthur war ihr Erfolg ein Rätsel und unerträglich.

Als er ihr seine Dissertation (*Über die vierfache Wurzel des Satzes vom zureichenden Grunde*) überreichte, witzelte sie: »Das ist wohl ein Buch für Apotheker.« Arthur: »Man wird es noch lesen, wenn von deinen Schriften kaum mehr ein Exemplar in einer Rumpelkammer stecken wird.« Johanna: »Von den deinigen wird die ganze Auflage noch zu haben sein.« Beides stimmte ironischerweise. Arthur verließ bald aufgebracht Weimar, und fortan machten sich die beiden nur noch gegenseitig briefliche Vorwürfe. Sie sollten sich nie wiedersehen.

Schopenhauers abschätzige Meinung über Frauen hängt wohl mit diesem gespannten Verhältnis zur Mutter zusammen. Dennoch war er auch zu echter Herzenswärme fähig, besonders zu der Schauspielerin Caroline Medon, mit der er lange locker liiert war und die er, viele Jahre später, sogar in seinem Testament bedachte. Eine andere Frau jedoch vergällte ihm lange Jahre das Leben: seine Nachbarin in Berlin, Frau Marquet, mit der er das Entrée seiner Wohnung teilte.

Diese gerissene Person nervte Schopenhauer eines schönen Tages auf der Treppe, wo sie mit zwei Freundinnen endlos palaverte. Da sie seine Proteste nicht beachtete (er erwartete Besuch von Caroline und wollte vielleicht Klatsch vermeiden), warf er sie wutentbrannt die Stufen hinunter. Ein Prozeß wegen Körperverletzung folgte. Die Dame bekam Recht und ging schnell in die Berufung, nachdem sie davon Wind bekommen hatte, daß bei Herrn Schopenhauer einiges zu holen war: Sie habe anhaltende Leiden davongetragen...

Knapp fünf Jahre und einen Berg von Prozeßgebühren kostete den Philosophen sein ungalanter Ausbruch. Er verlor in der Streitsache erneut und wurde verpflichtet, der Näherin dreihundert Taler sofort und des weiteren fünfzehn Taler im Quartal zu zahlen, solange die Schmerzen anhielten. Frau Marquet war nicht dumm und litt bis zu ihrem Tode, zwanzig lange Jahre.

Schopenhauer, mit fünfunddreißig auf dem rechten Ohr taub, haßte außer geschwätzigen Frauen nichts mehr als Lärm. Und er war beständig in Sorge und Angst vor den Unwägbarkeiten des Lebens. Als Gegenmittel diente ihm, inzwischen in Frankfurt endgültig niedergelassen, ein behagliches Tagesritual: spätes Aufstehen, eine Tasse Kaffee, drei Stunden Lesen, Flöte spielen und anschließend zum Mittagessen in den »Englischen Hof«. Dazu trank er gerne und viel Bier. Nach der Lektüre der »Times« folgte ein ausgedehnter Spaziergang mit seinem Pudel (die ähnliche Haartracht amüsierte die Beobachter). Der Abend und die Nacht wurden wieder mit Lektüre verbracht.

Von seinen Angstneurosen konnte ihn das alles nicht gänzlich befreien. Schopenhauer fürchtete sich panisch vor Einbrechern und versteckte seine Wertsachen so findig, daß sie nach seinem Tod trotz einer Suchanleitung nur mühsam entdeckt wurden. Jede Nacht schlief er mit einem Degen und einer geladenen Pistole an seiner Seite. Er fürchtete sich davor, mit Schnupftabak vergiftet zu werden, und nahm immer seinen eigenen Trinkbecher mit ins Gasthaus, um sich nicht anzustecken. Wie viele andere – damals nicht völlig grundlos – fürchtete er sich auch davor, scheintot begraben zu werden. Nach seinem gesicherten Ableben vermachte der große Welt- und Menschenverächter fast sein gesamtes Vermögen wohltätigen Stiftungen.

Franz Schubert

1797 – 1828

Mit der Brille ins Bett

Im Jahre 1827 trug ein anderthalb Meter kleiner, schüchterner Mann eine der Fackeln auf Beethovens Beerdigung: Franz Schubert, Beethovens musikalischer Erbe. Im darauffolgenden Jahr sollte er wieder an einer Beerdigung teilnehmen, diesmal an seiner eigenen, gerade mal einunddreißig Jahre alt.

Franz Seraph, am »Himmelpfortgrund« geboren (als zwölftes von vierzehn Kindern), wurde später als »Träumer Gottes«, als »Parzival des Liedes« gerühmt. Dieser »kleine, untersetzte und schmerbäuchige Mann mit seinem Babygesicht und den ungeformten Wurstfingern«, so ein Biograph, verfaßte in seiner kurzen Schaffenszeit über tausend Kompositionen (»Ich bin für nichts als das Komponieren zur Welt gekommen«), davon allein über sechshundert Lieder. Selbst beim Schlafen nahm er seine Brille mit den dicken Gläsern nicht ab, um nächtliche Eingebungen sofort notieren zu können. Die Umstände, unter denen er arbeitete, waren selten komfortabel, aber von seiner Sendung war er er tief durchdrungen – er komponierte wie im Rausch und mit unermeßlich sprudelnder Erfindungskraft.

Schubert war der erste Komponist, der, unabhängig von Mäzenatentum, allein von den Einkünften seiner Kunst lebte. Das bedeutete jedoch, daß das Geld unregelmäßig floß und er regelmäßig hoch verschuldet war. Auch konnte er, ähnlich wie Mozart oder Beethoven, mit Geld überhaupt nicht umgehen. Wenn welches da war, gab er es schnell wieder aus.

Er brauchte ständig Gesellschaft und litt an einer geradezu panischen Angst vor dem Alleinsein. So quartierte er sich am liebsten bei Freunden und Verwandten ein, was auch seinem strapazierten Geldbeutel zugute kam. Nicht weniger als siebzehn Adressen in Wien bezeugen seine mehr oder minder langen Gastaufenthalte. Zu chronischem Geldmangel und ständigem Wohnungswechsel gesellten sich ernstere Nöte. Schmerzlich empfand er den Verlust der Mutter durch Typhus, und er selbst erkrankte an der Syphilis, die bei bei ihm eine chronische Nervenschwäche auslöste. Der stark melancholische Akzent seiner Musik hat auch darin eine Wurzel. Ein Biograph formulierte einmal: »Wenn Beethoven als derjenige gilt, der die Fülle der Welt besingt, so ist Schubert derjenige, der unsere Sterblichkeit beweint.«

Obgleich seine Verehrer oft das Gegenteil behaupten, war Schubert, der »bürgerliche Bohemien«, bei den Frauen nicht unbeliebt. Mehrere Affären versüßten sein kurzes Leben. Allerdings heiratete seine große Jugendliebe Therese Grob einen anderen (nachdem sie drei Jahre auf Schubert gewartet hatte), und die achtzehnjährige Comtesse Caroline Esterházy war ihm zwar freundschaftlich zugeneigt, erwiderte aber seine Liebe vermutlich nicht.

Vielleicht hätten ihm seine zahlreichen Freunde nahelegen sollen, sich ein wenig mehr um sein Äußeres zu kümmern. Wenngleich nicht mit Schönheit geschlagen, hätte er sich sicherlich mehr bemühen können. Statt dessen waren die Kleider »Schwammerls«, wie man ihn später neckte, abgetragen, er schlemmte maßlos, fing schon fünfzehnjährig mit dem reichlichen Genuß von Alkohol an und hörte in seinen späten Jahren selten vor dem Vollrausch auf. Nebenher rauchte er pausenlos Zigarren und scherte sich kein bißchen um Hygiene.

Schuberts immerwährende Angst war es, an die Grenze seiner Möglichkeiten zu stoßen. Die Grenze setzte ihm schließlich der frühe Tod. Von Beethoven ist die Äußerung überliefert: »Wahrlich, in ihm lebt der göttliche Funke!« Schubert, der den Meister anbetete, äußerte als letzten Wunsch, in dessen Nähe beigesetzt zu werden. Dort fand der bis dahin ruhelose »Wanderer« schließlich seine Ruhe.

Albert Schweitzer

1875 – 1965

Retter alter Orgeln

Arzt, Philosoph, Theologe, Musiker, Schriftsteller und Baumeister – das alles war Albert Schweitzer und noch mehr: die Symbolgestalt schlechthin für christliche Nächstenliebe und der berühmteste Entwicklungshelfer der Welt. Albert Schweitzer war ein ethisches Genie.
Als Kind war der Junge verträumt und lernschwach, wenn auch lesewütig. Die Überzeugung, die ihn sein Leben lang begleiten und für die er erst im Erwachsenenalter einen passenden Begriff finden sollte, war jedoch schon von früh auf in ihm verankert: die Ehrfurcht vor dem Leben. Mit einundzwanzig faßte er den Entschluß, nach seinem dreißigsten Lebensjahr ausschließlich dem Menschen zu dienen. Zweifellos hätte Schweitzer mit seinen Fähigkeiten viele Karrieren beschreiten können. Er aber wollte auf direkter menschlicher Ebene helfen und gründete jenes Urwaldkrankenhaus, für das er weltberühmt wurde.
Der willensstarke Student hatte gleich in drei Fächern promoviert: in Philosophie, in Theologie (in diesem Fach folgte auch die Habilitation) und in Medizin. Nebenher schrieb er Bücher über musikalische und theologische Themen (später auch zur Kulturphilosophie und Autobiographi-

sches). Wenn er die Nacht durchgearbeitet hatte, machte er sich eben ohne Schlaf auf, um rechtzeitig zum Orgelunterricht zu gelangen, denn die Orgel spielte Albert ab seinem achten Lebensjahr leidenschaftlich.

Schweitzer galt als die höchste Autorität in Sachen Bach, als Interpret wie als Biograph. Als es Mode wurde, alte Orgeln durch standardisierte »Fabrikorgeln« zu ersetzen, machte er es zu seiner persönlichen Sendung, so viele Exemplare als möglich vor dem Ende zu retten. Den Klang der neuen Orgeln empfand er als seelenlos. Mit seinen Konzerten, Plattenaufnahmen und Buchveröffentlichungen finanzierte Schweitzer aber auch ein Gutteil des Aufwands für sein Tropenspital im zentralafrikanischen Lambarene.

Auf seine Prominenz legte er nur insofern Wert, als die notwendigen Spenden besser flossen, denn Schweitzer war bar jeder Eitelkeit und genügsam. So pendelte er fünfzig Jahre seines Lebens zwischen den Kontinenten hin und her, um die notwendigen Mittel für sein Projekt aufzutreiben. Im Jahre 1952 verlieh man ihm den Friedensnobelpreis. Schweitzer, der moralische Erzieher, wurde von der ganzen Welt verehrt.

Die Atombombe war Anlaß für Schweitzer, sich im Alter zu alledem noch politisch zu engagieren, obwohl dies gegen seine Grundsätze verstieß. Und plötzlich sah sich der stets Gefeierte mit viel Zurückhaltung und Unverständnis konfrontiert. Er ließ sich davon nicht beirren und opferte täglich zwei bis drei Stunden seines langen Arbeitstages, um sich in der Thematik auf dem laufenden zu halten. Er durfte noch die ersten politischen Schritte zur Begrenzung der Atomversuche miterleben.

In sich geschlossen endete Schweitzers Leben: Sein letzter Brief galt einem Spender für Lambarene, bei dem er sich – wie er es immer tat – persönlich bedankte, und das letzte, was er hörte, war Musik, wenn auch nicht Bach.

William Shakespeare

1564 – 1616

Vollendeter Geschäftsmann

Regelmäßig taucht im Zusammenhang mit William Shakespeare die penetrante Frage auf, ob er die Stücke überhaupt selbst verfaßt habe oder ob doch Bacon oder Marlowe oder der Earl of Essex dahintersteckten (oder sogar alle drei? oder noch andere?). Die Beantwortung der Frage soll weiterhin getrost viele fleißige Forscher beschäftigen. Als Leser oder Besucher seiner Stücke halten wir es mit Friedrich Hebbel: »Ohne Widerspruch sei eingeräumt, daß dem Shakespeare das Recht auf alle Dichterkronen der Welt zusteht; man haue ihm zu Ehren die sämtlichen Lorbeerbäume Italiens um und bringe ihm sogar die vertrockneten Kränze, welche der Zugwind der Gegenwart noch hier und dort auf diesem oder jenem hervorragenden Haupt unserer eigenen Nation sitzen ließ; wir haben Nichts dagegen.«

Tatsache ist: Der Mann hat nachweislich gelebt, er ist getauft worden, hat geheiratet, Kinder gezeugt und ein ansehnliches Vermögen angehäuft. Und es spricht erdrückend mehr dafür als dagegen, ihm das Werk zuzuschreiben, das noch heute unter seinem Namen auf der Bühne oder zwischen zwei Buchdeckeln so bestechend aktuell und lebendig bleibt.

Über Shakespeares Leben ist sehr wenig bekannt. Daß er ein überdurchschnittlich geistreicher, origineller und humorvoller Zeitgenosse gewesen ist, versteht sich im Spiegel seiner literarischen Hinterlassenschaft von selbst. Darüber hinaus war er vor allem ein kluger Geschäftsmann, wenn nicht sogar richtiggehend ein Pennyfuchser. Das ist schon deswegen verständlich, da er immerhin schon als junger Twen eine Familie mit drei Kindern zu ernähren hatte und seinem Vater aus einer schlimmen finanziellen Misere helfen mußte. Shakespeare besaß mit der Zeit das schickste Haus in Stratford-upon-Avon und mehr als siebenhundert Hektar Land, das er gewinnbringend verpachtete. Mit Ende Vierzig war er der größte und wohlhabendste Grundbesitzer der Gegend – allerdings hielt er sich fünfundzwanzig Jahre lang mehr in London als in Stratford auf.

Daraus läßt sich nicht nur schließen, daß das Theater damals eine gewinnträchtige Angelegenheit sein konnte, sondern vor allem, daß Shakespeare es auch hervorragend verstand, seine literarischen Fähigkeiten profitabel mit seinen geschäftlichen Interessen zu vermählen und in bare Münze zu verwandeln. So war er auch Miteigentümer des Globe Theatre, der damals berühmtesten elisabethanischen Bühne, auf der auch seine Stücke gespielt wurden.

Allzugern wüßte man, was zwischen William und der acht Jahre älteren Anne Hathaway, die ein Kind von ihm erwartete, als er sie mit achtzehn heiratete, vorgefallen ist. Während Shakespeare in seinem Testament sogar die Armen von Stratford wenigstens mit einem Bruchteil seines großen Vermögens bedachte, sollte Anne lediglich ein Bett erhalten, und zwar nicht mal das beste. Hatte sie ihn womöglich betrogen? Dann spräche der shakespearsche Spott hier Bände. Was der beiden Ehe angeht, so trifft jedenfalls wohl eher »Verlorene Liebesmüh« als »Ende gut, alles gut«.

Richard Wagner

1813 – 1883

Ein Prophet seiner selbst

Einleitend sei eine Würdigung eines Wiener Musikkritikers zum Thema Wagner zitiert: »die Vergewaltigung der Musik unter das Wort, die Unnatur und Übertreibung des Ausdrucks, die Vernichtung des Sängers und der Gesangskunst durch sinnwidrigen Satz und orchestrales Getöse, die Verdrängung der Gesangsmelodie durch deklamatorisches Rezitieren, die lähmende Monotonie und maßlose Ausdehnung, endlich der unnatürliche Stelzengang seiner, jedes feinere Sprachgefühl verletzenden Diktion«.

Richard Wagner ist eines der umstrittensten Genies der Musikgeschichte, seine Opern werden von den einen als Gottesdienst begangen, von den anderen als erfindungsarme, unfreiwillig komische musikalische Mißgeburten verhöhnt. Tiefe Widersprüche kennzeichnen auch seinen Charakter.

Schon in seiner Abstammung liegen Ungereimtheiten, denn Wagner war sich zeitlebens nicht sicher, ob er das Produkt einer außerehelichen Beziehung seiner Mutter mit ihrem späteren zweiten Mann war. Sein urkundlicher Vater war gestorben, als Richard erst sechs Monate alt war, und seine Mutter hatte damals schon eine Affäre mit dem Ehemann in spe.

An Wagner nagte weniger die Sorge, womöglich das Produkt eines Seitensprungs zu sein, als die Angst, jüdisches Blut in sich zu haben. Denn er liebte einerseits seinen Zweitvater, war aber andererseits ausdrücklicher Antisemit.

Richard war nicht gerade ein Naturtalent, sondern anfangs eher ein begabter Nachahmer, der für Beethoven und Shakespeare schwärmte, bei Carl Maria von Weber musikalische Anleihen nahm und sich schlecht und recht als Musikdirektor durchschlug. An Geld fehlte es stets, da er neben einem verschwenderischen Lebensstil auch ausgiebig dem Glücksspiel verfallen war. Aus Riga, wo er ein Engagement hatte, mußte er mit Frau und Hund in Nacht und Nebel vor seinen Gläubigern fliehen. Fünfundzwanzig Jahre später wiederholte sich die Episode in Wien, weil Wagner wieder bankrott war. Die Zahl seiner – oft erfolgreichen – Bettelbriefe, mit denen er vermögende Gönner anpumpte, geht in die Hunderte. Dennoch reichte das Geld nie. Während der Dresdner Revolution im Jahre 1849 stand er neben dem Anarchisten Bakunin auf den Barrikaden und flüchtete nach der Niederschlagung des Aufstands gegen die Monarchie mit Hund und Papagei in die Schweiz. In Deutschland wurde er lange steckbrieflich gesucht – und nach mehr als zehn Jahren amnestiert.

Einen Ruhepol hoffte Wagner schließlich im »Asyl« zu finden, einem Haus, das ein befreundetes Ehepaar, die Wesendonks, ihm und seiner Frau Minna zur Verfügung gestellt hatten. Die Wesendonks wohnten gleich nebenan. Prompt versuchte der leidenschaftliche Erotomane mit der Hausherrin anzubändeln. Ihr Gatte und Frau Wagner bekamen es mit und waren nicht begeistert. Man packte also wieder die Sachen.

Ehebruch brauchte er gewissermaßen für seine Schöpferkraft. Noch der alternde Komponist spannte seinem Dirigenten von Bülow die junge Frau aus – Minna war passenderweise zur rechten Zeit gestorben. Wagners neue Gefährtin war Cosima, die gescheite und machtbewußte Tochter Franz Liszts. Hans von Bülow, jüdischer Herkunft, war ein treuer Anhänger Wagners gewesen und erlitt bei der ganzen Aufregung einen

Schlaganfall, was das verliebte Paar allerdings nicht weiter beeindruckte. Der Gehörnte fügte sich in sein Schicksal und dirigierte weiter ergeben Wagners Opern. Mit Cosima führte Richard nun einen seltsamen Haushalt im schweizerischen Tribschen – parfümierte Lämmer, Zierhühner und mit Schleifen geschmückte Wolfshunde zierten das Anwesen.

Wagners finanzielle Sorgen fanden schließlich doch ein Ende. Dem überzeugten Republikaner half ausgerechnet der bayerische König Ludwig II. Wagners Mittelbedarf war jedoch so gewaltig und seine politische Vergangenheit so fragwürdig, daß der Monarch Schwierigkeiten mit seinen Ministern bekam. So schickte er Richard aus München fort, unterstützte ihn jedoch aus seiner Privatschatulle. Indes war anfangs alles ganz wunderbar gelaufen, die beiden schwelgten in gegenseitiger Verehrung (Ludwig: »Glühend Geliebter! Himmlischer Freund! Einziger! Heiliger!« Richard: »Lieber! Treuer! Mein Einziger! Mein göttlicher Freund!«).

Sichtbares Resultat dieser skurrilen Allianz wurde der Bau des Bayreuther Festspielhauses. Damit begann ein deutscher Wagner-Kult, der bis heute in den alljährlichen Festspielen kulminiert. Die Bayreuther Festspiele wurden im Jahre 1876 mit *Der Ring des Nibelungen* eröffnet, und endlose Scharen begeisterter Wagnerianer pilgerten seither zum Festspielhügel. Dort, in Bayreuth, wurde Wagner grenzenlos und bis ins Lächerliche gehuldigt. Er ließ sich mit »Meister« anreden und wandelte stolz wie ein Gockel in possierlich-samtener Kleidung umher. Der egozentrische, extravagante und überaus eitle Künstler tat bis zu seinem Tod alles, um sich selbst zu beweihräuchern und den Kult um seine Person zu unterstützen (»Ich bin der deutsche Geist«).

Mit Cosima schließlich wurde die Verwaltung des Wagner-Kults zur Familienangelegenheit. Die Verteilung der Aufgaben und Verantwortlichkeiten verlief allerdings nicht ohne dramatische Konflikte und wird bisweilen immer noch in die Öffentlichkeit getragen. »Villa Wahnfried« eine überzeugende Kulisse für ein deutsches »Dallas« abgäbe.

Andy Warhol

1928 – 1987

Andauernd im Kaufrausch

Teller mußte Andy Warhol nicht waschen, um es als Sohn armer Einwanderer zum Millionär zu bringen. Aber Klinken putzen mußte er allemal, bevor er die schwindelnde Höhe als Ikone der Pop-art-Kunst erreicht und Weltberühmtheit erlangt hatte.

Als er 1949 nach New York kam, versuchte Andy zunächst, in der Werbung Fuß zu fassen, aber seine Faszination für Serialität trieb bald skurrile Blüten. So trug er Tag für Tag das gleiche Hemd – statt sich viele verschiedene zu kaufen, besorgte er sich kurzerhand hundert Stück von derselben Sorte. Die neun Katzen, die sich im Laufe der Zeit in seiner Wohnung angesammelt hatten, trugen alle denselben Namen: Sam. Und an seine Mutter schrieb er täglich eine Postkarte mit dem immer gleichen Text: »Mir geht's gut. Morgen schreibe ich Dir wieder.«

Im Medienzeitalter könne jeder für ein paar Minuten weltberühmt werden, so Warhol. Seine Nase für den Zeitgeist erwies sich stets als unfehlbar, und die Kunstwelt lauschte andächtig seinen jeweils neuen Erkenntnissen. Keine zehn Jahre nach seiner Ankunft war Warhol der berühmteste Werbekünstler New Yorks. Er hatte etliche Auszeichnungen erhalten und wurde zum »Leonardo der Schuhindustrie« geadelt.

Inzwischen wohnte seine Mutter bei ihm, er hatte sich sein unförmiges Riechorgan verkleinern und mehrere Aknebehandlungen über sich ergehen lassen, außerdem sein erstes Toupet gekauft. Er fing an, sich zu schminken, und soll schließlich in etwa vierhundert verschiedene Toupets sein eigen genannt haben – eine gewissermaßen haarsträubende Phalanx gegen die Hemmungen des schüchternen Andy.

Der Mann, der aus jedem Objekt ein Kunstwerk inszenieren konnte, war ein leidenschaftlicher Sammler und besessen vom Konsum. An Vormittagen schlenderte er meist durch die Straßen und kaufte alles, was ihn ansprach. Oft stellte er die Einkaufstüten zu Hause ab, ohne sie jemals auszupacken. Sein Haus war überfüllt mit einer bunten Mischung aus wertvoller Kunst und billigem Trödel. Als Sotheby's nach seinem Tod damit beauftragt worden war, alles zu inventarisieren, benötigten über zwanzig Mitarbeiter mehrere Monate dafür.

Warhol hatte eine extreme Leidenschaft für Süßigkeiten – sie waren seine Hauptnahrungsquelle. Um sein Gewicht zu halten, schluckte »Candy Andy« in der Folge regelmäßig Appetitzügler. Banken dagegen verursachten ihm Magenkrämpfe. Selbst wenn der Geldbesessene sich ein Haus kaufte, zahlte er bar. Bargeld war immer in Reichweite, und Schulden waren verpönt. Mit der Zeit hatte Warhol zwar mehr Dollars, als er ausgeben konnte, aber seine Mitarbeiter, die in den wechselnden Niederlassungen seiner »Factory« schufteten, entlohnte er schlecht, und er ließ sie nicht selten seine Unzufriedenheit spüren. »Drella« war daher ihr Spitzname für ihn – eine Zusammensetzung aus »Dracula« und »Cinderella«.

Warhol tummelte sich mit artistischer Beweglichkeit in den verschiedensten Kunstgattungen. Wenn ihn die eine langweilte, wechselte er zur nächsten. Nach der Malerei machte er Filme, nach der Filmerei stieg er auf Tonband um, er produzierte eine Rockgruppe (die Kultband »The Velvet Underground«), fotografierte und gründete eine Zeitschrift

(»Interview«). Unterwegs hatte er immer ein Tonbandgerät und eine Polaroidkamera dabei – Werkzeug, das auch seinen voyeuristischen Neigungen entsprach. Vormittags diktierte er seinem Sekretär als erstes, was er am Tag vorher getrieben hatte. Und sonntags ging er zur Messe.

Während seiner Kindheit war Andy oft krank gewesen. Daher rührte nicht nur ein prinzipielles Mißtrauen gegenüber der Medizin, sondern auch eine ungemeine Angst vor Malaisen. Sein Geschick spielte ihm in der Tat diesbezüglich böse mit: Aknehaut, Haarausfall und schlechte Augen. Später folgten regelmäßig Nieren- und Gallenkoliken. Immerhin rettete ihn die Medizin einmal das Leben, nachdem er 1968 von einer verwirrten Radikalfeministin mit mehreren Schüssen in der »Factory« niedergestreckt worden war und seine Überlebenschance fünfzig zu fünfzig stand. (Im nachhinein fand er es überaus schade, daß das Attentat nicht gefilmt worden war.)

Im übrigen jedoch hielt Andy es mit der Selbstmedikation: Er nahm regelmäßig Valium und Aufputschmittel, ließ sich mit Collagen-Spritzen die Gesichtsfalten glätten, schmiß Berge von Vitamintabletten ein, bastelte aus allen möglichen Quellen eine komplizierte Diät für sich zusammen und vertraute auf die heilende Wirkung von Kristallen (»Aber an irgendwas muß ich doch glauben, also glaube ich eben weiter an Kristalle«).

Letztlich half all dies nichts. Nach einer Gallenkolik fiel er wieder in die Hände der Schulmedizin. Wenn er sich nicht einer Routineoperation unterziehe, werde er nicht mehr lange leben, versicherten ihm die Ärzte. Er unterzog sich der Operation, und alle seine Befürchtungen wurden wahr: In der Nacht nach dem Eingriff kam es zu einem Herz-Lungen-Stillstand, der zu spät entdeckt wurde.

Trotz eines demonstrativ gepflegten Katholizismus hatte sich Warhol zu Lebzeiten nie auf Beerdigungen blicken lassen, nicht einmal, als seine Mutter zu Grabe getragen wurde. Warhols Trauerfeier ließen sich dagegen zweitausend geladene Gäste nicht entgehen, und Tausende weiterer Schaulustiger brachten den Verkehr auf der Fifth Avenue zum Erliegen.

Ludwig Wittgenstein

1889 – 1951

Stets am Rand des Selbstmords

»Wovon man nicht sprechen kann, darüber muß man schweigen«, so Wittgenstein in seinem *Tractatus Logico-Philosophicus* (1921) mit Blick auf die Metaphysik. Davon abgesehen, daß er nicht mehr unter uns weilt, hat Wittgenstein jedoch nichts Metaphysisches an sich – von ihm kann also gesprochen werden.

Wittgenstein kultivierte in jeder Beziehung die Existenzform des Sonderlings. Man ahnt es sogar beim Betrachten seines Porträts, dem hageren Gesicht, bar jedes Anflugs von Humor. Und man traut es ihm zu, daß er, der zeitweise als Dorfschullehrer beschäftigt war, regelmäßig unter den Kindern Ohrfeigen austeilte, wie berichtet wird.

Obwohl nicht frei von sadomasochistischen Neigungen, besaß er auch eine liebenswürdige Ader, und als Lehrer leistete er, zumindest im Fachlichen, einiges. Der gefeierte Sprachlogiker brillierte übrigens auch in vielen anderen Bereichen (Technik, Architektur, Musik, Bildhauerei): Unter anderem entwarf er einen Düsenantrieb, und für eine seiner Schwestern zeichnete er einen spektakulären Entwurf für eine geplante Villa. Auch die Klarinette blies er beachtlich und spielte zeitweise mit dem Gedanken, Dirigent zu werden.

Wittgensteins Charakter zeichnet sich jedoch vor allem durch eine unrettbare innerliche Zerrissenheit und den Mangel an Lebensfreude aus. Der sensible Sohn eines mächtigen österreichischen Großindustriellen (Brahms, Mahler und Klimt waren häufig zu Gast) haderte stets damit, zu den Privilegierten zu gehören. Viele Jahre lebte er völlig zurückgezogen in asketischer Bescheidenheit. Selbst als Dozent in Cambridge soll er in einem äußerst spärlich möblierten Zimmer mit kahlen Wänden gehaust und sich hauptsächlich von Cornflakes, Brot und Käse ernährt haben. Sein freiwilliges Einrücken im Ersten Weltkrieg – trotz attestierter Untauglichkeit –, seine Gärtnertätigkeit in einem Kloster, die Arbeit als Krankenträger während des Zweiten Weltkriegs wirken wie eine unaufhörliche Buße für die unverdienten Vorzüge seines Standes.

Nagende Schuldgefühle und finstere Selbstmordgedanken hielten sich die Waage. Er hatte Angst, wahnsinnig zu werden – seine beiden älteren Brüder verübten Selbstmord. So nimmt es nicht wunder, daß er sein Millionenerbe zum Teil den Schwestern überließ und zum anderen Teil zur Förderung von Künstlern verwendete, darunter Rilke und Trakl.

Möglicherweise litt er auch unter seiner Homosexualität. Bertrand Russell, anfangs Freund und Förderer und durchweg intellektueller Bewunderer Wittgensteins (»das vollendete Beispiel eines Genies«), fand diese Veranlagung jedenfalls abstoßend. Derlei traf Wittgenstein hart, denn er war extrem empfindlich gegenüber jeglicher Form von Kritik. Den Kontakt zum »Wiener Kreis« beispielsweise (einer Gruppe avantgardistischer Wissenschaftslogiker) akzeptierte er nur unter dem Vorbehalt, daß seine philosophischen Thesen nicht kritisiert würden.

Es war jedenfalls ein freudloses Leben, das dieser von vielen zum bedeutendsten Philosophen des 20. Jahrhunderts erklärte Denker führte.

Wittgenstein hat es selbst am schmerzlichsten gespürt: »Dauernd stolpert und fällt man, stolpert und fällt, und man kann sich nur selbst aufheben und versuchen, wieder weiterzugehen. Jedenfalls habe ich das mein ganzes Leben tun müssen.« Die letzten Wochen seines Lebens – er war bereits todkrank – verbrachte er bei einem befreundeten Arzt in Cambridge. Als dieser ihm eröffnete, daß sein Ende gekommen sei, sagte Wittgenstein nur: »Gut.«

Und dann waren da noch ...

Alexander der Große (356–323 v. Chr.), der alkoholische Exzesse liebte und im Rausch seinen Freund Kleitos tötete.

Aristoteles (384–322 v. Chr.), der vor dem Beischlaf immer erst die Abendwinde und die Mondkonstellation auf günstige Vorzeichen prüfte.

Bettina von Arnim (1785–1859), die nur knapp über 1,40 m groß war und von Goethe als »leidige Bremse« bezeichnet wurde.

Johann Sebastian Bach (1685–1750), der neunzehn Kinder zeugte.

Honoré de Balzac (1799–1850), der am Tag durchschnittlich vierzig Tassen Kaffee trank.

Wilhelm Busch (1832–1908), der täglich bis zu sechzig Zigaretten rauchte und zwei Nikotinvergiftungen erlitt.

Giacomo Casanova (1725–1798), der in seiner Reisekutsche mit mindestens sechzig Büchern reiste und sehr viel mehr war als nur ein guter Liebhaber.

Frédéric Chopin (1810–1849), der nach seinem Tod seziert werden wollte, um zu vermeiden, lebendig begraben zu werden.

Winston Churchill (1874–1965), der das Abitur nicht bestand.

Christoph Columbus (1451–1506), der sich als Abgesandten Gottes sah und einsam und vergessen an einem Himmelfahrtstag starb.

Salvador Dalí (1904 - 1989), der meinte, über seinen skurrilen Bart göttliche Informationen zu erhalten.

René Descartes (1596 - 1650), der sich von schielenden Frauen erotisch angezogen fühlte.

Marlene Dietrich (1901 - 1992), die ein Musterbeispiel der Egozentrik abgab.

Albrecht Dürer (1471 - 1528), der hemmungslos narzißtisch war.

Thomas Alva Edison (1847 - 1931), der mit sechs eine Scheune anzündete und im Kindesalter als geistig zurückgeblieben galt.

Königin Elisabeth I. (1533 - 1603), die sieben Sprachen und acht Liebhaber beherrschte.

Hans Fallada (1893 - 1947), der mit siebzehn bei einem Selbstmordversuch einen Freund erschoß.

König Friedrich Wilhelm I. (1688 - 1740), der hin und wieder acht Dutzend Austern verdrückte und menschlich völlig daneben war.

Galileo Galilei (1564 - 1642), der auch Entdeckungen für sich reklamierte, die andere gemacht hatten.

Johannes Gutenberg (1397 - 1468), der zu einer hohen Geldstrafe wegen Verleumdung verurteilt wurde.

Heinrich Heine (1797 - 1856), der auf Sinneseindrücke äußerst empfindlich reagierte und ständig von Kopfschmerzen geplagt war.

E.T.A. Hoffmann (1776 - 1822), der ein schwerer Trinker war, aber kein Bier ausstehen konnte.

Kaiserin Joséphine (1763 - 1814), die 980 Paar Handschuhe besaß.

Käthe Kollwitz (1867 - 1945), die den Krieg schon verdammte, bevor ihr Sohn darin als Soldat umkam und bevor ein Teil ihres Werkes infolge eines Bombenangriffs zerstört wurde.

Wladimir Iljitsch Lenin (1870 - 1924), der glänzende schauspielerische Fähigkeiten besaß.

Isaac Newton (1642- 1727), der den Hochzeitstag seiner Eltern vordatierte, weil seine Mutter schon vor der Ehe mit ihm schwanger ging.

Erich Maria Remarque (1898 - 1970), der bei einem Bäcker Alkohol deponierte, den sich der eiserne Trinker nachts herausgeben ließ, um weiterzutrinken, nachdem die Lokale geschlossen hatten.

Rembrandt (1606 - 1669), der einen ungerechtfertigten Prozeß gegen die Pflegerin seines Sohnes, die auch seine Geliebte war, anstrengte, womit sie elf Jahre hinter Gitter mußte.

Jean-Jacques Rousseau (1712 - 1778), der Exhibitionist war und sich gerne auspeitschen ließ.

George Sand (1804 - 1876), deren Wunsch, Nonne zu werden, von ihrer Großmutter vereitelt wurde.

Giuseppe Verdi (1813 - 1901), der testamentarisch die Hälfte seines Vermögens für von ihm ausgewählte gemeinnützige Zwecke bestimmte.

Königin Viktoria (1819 - 1901), die sich in ihrem Tagebuch stets über die wenig zarte Art beschwerte, mit der Prinzgemahl Albert seine ehelichen Rechte einforderte.

Voltaire (1694 - 1778), der täglich bis zu dreißig Gramm Opium zu sich nahm und vielleicht deswegen ganz unbekümmert wichtige Seiten aus den Büchern seiner Bibliothek riß.

Quellen

Barbaud, Pierre: Joseph Haydn. Reinbek 1960.
Berglar, Peter: Maria Theresia. Reinbek 1980.
Blumenberg, Werner: Karl Marx. Reinbek 1962.
Boerner, Peter: Johann Wolfgang von Goethe. Reinbek 1964.
Dörrzapf, Reinhold: Eros, Ehe, Hosenteufel. Frankfurt am Main 1995.
Ellmann, Richard: James Joyce. Frankfurt am Main 1959.
Erickson, Carolly: Katharina die Große. München 1995.
Frank, Herbert: Vincent van Gogh. Reinbek 1976.
Friedell, Egon: Kulturgeschichte der Neuzeit. München 1976.
Geiger, Ruth-Esther: Marilyn Monroe. Reinbek 1995.
Gilbert, Julie: Erich Maria Remarque und Paulette Goddard. München 1997.
Hemleben, Johannes: Charles Darwin. Reinbek 1968.
Hildesheimer, Wolfgang: Mozart. Frankfurt am Main 1977.
Hirsch, Helmut: Rosa Luxemburg. Reinbek 1969.
Holmsten, Georg: Friedrich II. Reinbek 1969.
Kesting, Marianne: Bertolt Brecht. Reinbek 1959.
Klein, Edward: Jack & Jackie. Berlin 1997.
Körte, Peter: Humphrey Bogart. Reinbek 1992.
Ksoll, Peter und Fritz Vögtle: Marie Curie. Reinbek 1988.
Kusenberg, Kurt: Der ehrbare Trinker. Reinbek 1965.
Lange-Eichbaum, Wilhelm, und Wolfram Kurth: Genie, Irrsinn und Ruhm, 12 Bde. (von Wolfgang Ritter völlig neubearbeitete Auflage). München/Basel 1986.
Lattmann, Dieter (Hrsg.): Das Anekdotenbuch. Frankfurt am Main 1979.
Lenning, Walter: Gottfried Benn. Reinbek 1962.
Lenning, Walter: Edgar Allan Poe. Reinbek 1959.
Lenning, Walter: Marquis de Sade. Reinbek 1965.

Lohmann, Hans-Martin: Sigmund Freud. Reinbek 1998.
Markus, Georg: Geschichten der Geschichte. Wien/München 1992.
Maurer, Doris: Eleonora Duse. Reinbek 1988.
Maurois, André: Napoleon. Reinbek 1966.
Mayer, Hans: Richard Wagner. Reinbek 1959.
Mommsen, Wilhelm: Otto von Bismarck. Reinbek 1966.
Mostar, Herrmann: Weltgeschichte höchst privat. Stuttgart 1954.
Paris, Jean: William Shakespeare. Reinbek 1958.
Pfister, Kurt: Frauenschicksale. München 1965.
Poppenberg, Felix: Menschlichkeiten. Berlin 1919.
Posener, Alan: John Lennon. Reinbek 1987.
Posener, Alan, und Maria Posener: Elvis Presley. Reinbek 1993.
Prause, Gerhard: Genies ganz privat. München 1994.
Reinken, Liselotte von: Paula Modersohn-Becker. Reinbek 1983.
Rossenfreund, Gottfried: Richard Wagner: das Drama der Musik. Ravensburg 1991.
Sabin, Stefana: Andy Warhol. Reinbek 1992.
Schneider, Marcel: Franz Schubert. Reinbek 1958.
Steffahn, Harald: Albert Schweitzer. Reinbek 1979.
Störig, Hans Joachim: Kleine Weltgeschichte der Philosophie. Frankfurt am Main 1987.
Strathern, Paul: Kant in 90 Minuten. Frankfurt am Main 1994.
Strathern, Paul: Nietzsche in 90 Minuten. Frankfurt am Main 1994.
Strathern, Paul: Schopenhauer in 90 Minuten. Frankfurt am Main 1996.
Tichy, Wolfram: Charlie Chaplin. Reinbek 1974.
Vasari, Giorgio: Lebensgeschichten der berühmtesten Maler, Bildhauer und Architekten der Renaissance. Zürich 1980.
Venzmer, Gerhard: Genius und Wahn. Stuttgart 1964.
Vögtle, Fritz: Alfred Nobel. Reinbek 1983.
Wagenbach, Klaus: Franz Kafka. Reinbek 1964.
Weischedel, Wilhelm: Die philosophische Hintertreppe. München 1975.

Wellmann, Jutta: Sisis kaiserliches Schönheits- und Gesundheitsbuch. Sauerbrunn 1998.
Wiegand, Wilfried: Pablo Picasso. Reinbek 1973.
Wisch, Siegfried: Kleine Chronik großer Geister. Leipzig 1938.
Wollschläger, Hans: Von Sternen und Schnuppen. Zürich 1984.
Zander, Hans Conrad: Napoleon in der Badewanne. Reinbek 1979.
Zobeley, Fritz: Ludwig van Beethoven. Reinbek 1965.